福建省第六批省级精品在线开放课程配套教材

DAXUESHENG LAODONG JIAOYU
LILUN YU SHIJIAN JIAOCHENG

大学生劳动教育理论与实践教程

主　编 ◎ 林岩清　舒良荣
副主编 ◎ 张少鹏　林　红　李　琪

同济大学出版社
TONGJI UNIVERSITY PRESS
·上海·

内容提要

本书分为理论部分与实践部分。理论部分共六个章节,主要介绍劳动与劳动教育、劳动教育发展沿革、劳动观、劳动精神、劳动教育的多元融合以及劳动安全与权益保护,针对青年大学生在校劳动实践和未来走向工作岗位的现实需要,旨在通过劳动理论教学使学生理解和掌握马克思主义劳动观,牢固树立劳动最光荣、劳动最崇高、劳动最伟大、劳动最美丽的劳动观念;实践部分设置校园劳动实践、家庭劳动实践、社会劳动实践、农业劳动实践以及服务劳动实践五大操作模块,让学生感悟劳动创造美好生活,引导学生热爱劳动,尊重普通劳动者,并培养学生勤俭、奋斗、创新、奉献的劳动精神。

本书可作为高等院校劳动教育教材,也可作为相关教育工作者的参考用书。

图书在版编目(CIP)数据

大学生劳动教育理论与实践教程 / 林岩清,舒良荣主编. -- 上海:同济大学出版社,2024.7. -- ISBN 978-7-5765-1258-8

Ⅰ. G40-015

中国国家版本馆 CIP 数据核字第 2024U2N351 号

大学生劳动教育理论与实践教程

主　　编	林岩清　舒良荣	副主编	张少鹏　林　红　李　琪
责任编辑	任学敏	助理编辑	夏晗丹	责任校对	徐春莲	封面设计	渲彩轩

出版发行	同济大学出版社　www.tongjipress.com.cn
	(地址:上海市四平路1239号　邮编:200092　电话:021-65985622)
经　　销	全国各地新华书店
制　　作	南京月叶图文制作有限公司
印　　刷	常熟市华顺印刷有限公司
开　　本	787 mm×1092 mm　1/16
印　　张	10
字　　数	225 000
版　　次	2024年7月第1版
印　　次	2024年7月第1次印刷
书　　号	ISBN 978-7-5765-1258-8
定　　价	39.80元

本书若有印装质量问题,请向本社发行部调换　　版权所有　侵权必究

前言

党的二十大报告指出,要深入实施人才强国战略,同时要在全社会弘扬劳动精神、奋斗精神、奉献精神、创造精神、勤俭节约精神。在职业院校教育体系中,劳动教育占有重要地位,是中国特色社会主义教育制度的重要内容,直接决定社会主义建设者和接班人的劳动精神面貌、劳动价值取向和劳动技能水平。2020年3月,《中共中央 国务院关于全面加强新时代大中小学劳动教育的意见》(以下简称《意见》)发布。《意见》指出要以习近平新时代中国特色社会主义思想为指导,全面贯彻党的教育方针,落实全国教育大会精神,坚持立德树人,坚持培育和践行社会主义核心价值观,把劳动教育纳入人才培养全过程,贯通大中小学各学段,贯穿家庭、学校和社会各方面,与德育、智育、体育、美育相融合,紧密结合经济社会变化和学生生活实际,促进学生形成正确的世界观、人生观、价值观。《意见》还指出,高等学校要注重围绕创新创业,结合学科和专业积极开展实习实训、专业服务、社会实践、勤工助学等,创造性地解决实际问题,使学生增强诚实劳动意识,积累职业经验,提升就业创业能力,树立正确择业观,具有到艰苦地区和行业工作的奋斗精神。

本书内容通俗易懂,浅显明晰,章节之间既有关联,又有各自的表现形式,很好地将科学性、逻辑性和实用性相结合。一是科学性。全书内容以习近平新时代中国特色社会主义思想为指导,运用马克思主义立场、观点、方法分析问题,综合多学科知识,帮助广大青年学生树立科学的劳动观念、掌握丰富的劳动知识。二是逻辑性。本书聚焦劳动教育理论,设置劳动价值观教育、劳动精神教育、劳动文化教育、劳动实践教育、劳动关系教育等模块,凝练了劳动理论教育的主要内容,形成了严谨的逻辑体系。三是实用性。本书有针对性地设置了劳动实践教育、劳动关系教育模块,为学生正确地看待劳动、正确地维护劳动权益奠定知识基础。四是实践性。劳动教育具有社会性、实践性等显著特征。本书将学校教育链接社会生活、生产实践,实践部分引导学生动手实践或者开展情景式体验实践,使学生学会分工合作、尊重劳动,通过劳动体验认识社会、服务社会,激发学生的爱国之情和报国之志。

本书的实践部分均配有劳动实践方案,创新劳动教育的内容和形式,使学生在实际劳动中亲历劳动过程,体会劳动创造美好生活的时代风尚,感受出力流汗带来的成就感,进而养成尊重劳动、热爱劳动、向往劳动的习惯和品质。同时,本书也是一本融合出版新形态教材,书中配有二维码资源,教师和学生可通过手机扫描二维码,随时观看,随时学习。

  本书由福州职业技术学院林岩清、舒良荣担任主编,张少鹏、林红、李琪担任副主编,严权纲、黄菲、林丽榕、陈亮贤、许艺妍、赖丽红、熊钰琦、陈莉参与了本书的编写。在编写本书的过程中,编者参考了大量有关劳动教育的资料,在此向相关作者一并表示感谢。由于编者水平有限,书中难免存在不足之处,敬请广大读者批评指正。

编　者
2024 年 3 月

目录

前言

理论篇

第一章　劳动与劳动教育 … 3
第一节　劳动 … 3
第二节　劳动教育 … 9
第三节　新时代劳动教育 … 14

第二章　中国劳动教育发展沿革 … 26
第一节　中国传统劳动教育观的形成 … 26
第二节　新中国劳动教育发展进程 … 31

第三章　劳动观 … 41
第一节　马克思主义劳动观 … 41
第二节　中国劳动观 … 45
第三节　新时代劳动观 … 50

第四章　劳动精神 … 54
第一节　传承劳动精神 … 54
第二节　弘扬劳模精神 … 59
第三节　铸造工匠精神 … 67

第五章　劳动教育的多元融合 … 77
第一节　劳动教育与德育、智育、体育、美育的融合 … 77
第二节　劳动与专业实践融合 … 82
第三节　劳动教育与三创教育融合 … 85

第六章 劳动安全与保障 ··· 99
第一节 培养劳动安全意识 ··· 99
第二节 劳动安全隐患与劳动防护 ··· 107
第三节 劳动者权益与常见权益纠纷 ··· 113

实 践 篇

项目一 校园劳动实践 ··· 129
任务一 节约粮食 ··· 129
任务二 图书管理分类 ··· 131

项目二 家庭劳动实践 ··· 134
任务一 整理收纳 ··· 134
任务二 垃圾分类 ··· 136

项目三 社会劳动实践 ··· 139
任务一 走进养老院 ··· 139
任务二 社区健康教育 ··· 140

项目四 农业劳动实践 ··· 143
任务一 种菜 ··· 143
任务二 采摘 ··· 145

项目五 服务劳动实践 ··· 148
任务一 勤工助学 ··· 148
任务二 守护交通安全 ··· 149

参考文献 ··· 152

理论篇

第一章 劳动与劳动教育

学习目标

1. 正确理解劳动的概念。
2. 了解劳动是创造财富的源泉。
3. 明确职业院校劳动教育的使命。

第一节 劳 动

劳动是人与猿相互区别的标志。人类的起源,实质上应是劳动的起源。

中华人民共和国成立以来,中国共产党秉持对马克思主义的坚定信仰,创造性地发展了教劳结合的思想,并将其确立为党的教育方针的核心要素。毛泽东同志针对教育与生产劳动结合的问题,多次提出具有指导意义的观点。他明确指出,教育的根本任务是服务于无产阶级政治,必须与生产劳动紧密结合,实现劳动人民的知识化、知识分子的劳动化。这一方针的贯彻实施,体现了党对教育工作的深刻认识和高度重视。习近平总书记多次强调,幸福不会从天降,美好生活靠劳动创造,幸福都是奋斗出来的,永远把人民对美好生活的向往作为中国共产党人的奋斗目标。劳动是个人实现人生价值、享受美好生活的基本途径,也是党实现人民对美好生活的向往奋斗目标的重要保障。

一、劳动的概念

人类对"劳动"概念的认识具有深远的历史背景。自古以来,古人便深刻洞察了"劳动"的本质。如"日出而作,日入而息"中的"作"就是对劳动的一种诠释,意为"从事某种活动";又如"春种一粒粟,秋收万颗子",这是对"农作"的直观描述。劳动作为人们通过改造劳动对象以满足自身需求的有目的的活动,涉及劳动力的投入与支出。劳动不仅是人类社会生存的基础,更是推动社会持续发展的基石。

马克思把劳动比喻为整个社会都绕之旋转的"太阳",将劳动视作创造价值的唯一源泉。凭借勤劳的双手,人类的祖先打磨几块冷石,生起一团热火,告别茹毛饮血,迈向新的生活;凭借勤劳的双手,中华民族的先民们"烁金以为刃,凝土以为器,作车以行陆,作舟以行水",用汗水与智慧开启了灿烂的中华文明;凭借勤劳的双手,中国人民在中国共产党的领导下,自力更生、发愤图强,解放思想、锐意进取,取得了革命、建设、改革的伟大成就,全面建成小康社会,共同创造着幸福生活。

在历史上,中华民族素来以温文尔雅、礼貌待人著称于世,更因勤劳勇敢、坚忍不拔的奋斗精神而名扬四海。习近平总书记明确指出:"劳动是一切幸福的源泉。"劳动作为推动人类社会发展的核心动力,是实现伟大梦想实现的重要阶梯。

(一)劳动的内涵

劳动是指对外输出劳动量或劳动价值的人类活动,通俗来说,就是指人们运用一定的生产工具,作用于劳动对象并创造物质财富和精神财富的活动。从哲学角度来看,劳动是主体、客体和意义的内涵集成体。

劳动作为人类社会生存与发展的基石,是人类维持自我生存与发展的核心手段。劳动可分为脑力劳动、体力劳动,以及简单劳动、复杂劳动等多种类型。

劳动的内涵在不同社会阶段和领域均有所变化。在农业社会,劳动侧重于体力劳动;而在后工业社会、信息化社会,脑力劳动则占据了更为重要的地位。《中华人民共和国宪法》明确规定了中华人民共和国公民享有劳动的权利,并承担劳动的义务。

"劳动"这一概念与时俱进,随时代变化而展现出不同的时代特征。因此,我们需深刻理解并把握劳动的内涵,随之发展对劳动的认知,以适应时代的要求。

(二)劳动的外延

1. 劳动形式的单一性和多样性

一般而言,特定的劳动所涉及的任务、技能或活动相对固定和重复,为使工作更加规范和高效,往往遵循一定的标准和流程。由于任务相对固定,其劳动结果往往具有一定的可预测性。通过重复执行相同的任务,劳动者可以逐渐提高熟练度,从而提高工作效率。单一性劳动在制造业、服务业等行业中广泛存在。例如,生产线上的工人往往负责执行特定的工序,这些工序相对固定且重复。然而,单一性劳动存在一定的局限性,如容易导致劳动者产生疲劳和厌倦感,影响工作效率和质量。

劳动的多样性则是指劳动不是固定不变的活动,劳动过程中所涉及的任务、技能或活动具有多种类型和变化。劳动的形式会随着社会生活实践的发展而不断丰富。多样性劳动能够适应不同的工作需求和环境变化,且往往要求劳动者具备多种技能和知识,以应对各种挑战和问题,从而推动创新和发展。多样性劳动在知识密集型产业、创意产业等领域中较为普遍。例如,科研人员需要掌握多种实验技能和研究方法,以应对各种复杂的研究问题。多样性劳动有助于提高劳动者的综合素质和竞争力,促进个人和社会的全面发展。

在社会主义初级阶段,劳动主要有两种形式:一是以按劳分配为基础的社会主义劳动,这是目前最基本、最普遍的劳动形式;二是不计报酬的公益劳动,如打扫公共卫生、搞好区域绿化、做好安全工作,以及生活上的互相帮助等。

2. 劳动范围的区域性和全球性

随着经济全球化的发展,劳动已超出传统意义上一个企业、行业甚至一个国家、社会的范围,而具有了世界意义。无论是劳动的创造还是劳动价值的实现,都因时代发展而具有了全球性。

在全球化时代之前,劳动更多体现为某一区域范围内的"自给自足"或"自产自销",生产要素的流动也主要发生在固定的区域范围内。随着全球化的不断深入,各国经济、政治、生态等高度联系在一起,世界日益成为一个有机整体。劳动与世界经济、人口流动、全球生态环境等国际问题的联系日益紧密,各种劳动要素开始在全球范围内寻求最优配置,劳动力的国际流动日益频繁,劳动资源和劳动对象也随着全球生态变化而逐渐变化。

3. 劳动本质的稳定性和发展性

劳动的本质具有稳定性,但在不同时代的经济水平和资源条件下,人类劳动的内涵和外延都随之发生重大变化。对于劳动与社会发展的关系,马克思在《德意志意识形态》一书中指出:"我们首先应当确定一切人类生存的第一个前提,也就是一切历史的第一个前提,这个前提是:人们为了能够'创造历史',必须能够生活。但是为了生活,首先就需要吃喝住穿以及其他一些东西。因此第一个历史活动就是生产满足这些需要的资料,即生产物质生活本身,而且,这是人们从几千年前直到今天单是为了维持生活就必须每日每时从事的历史活动,是一切历史的基本条件。"在马克思看来,劳动是一切历史的基本条件,有了人类的劳动,有了满足人类生存所必需的前提,才产生了生活和历史。

拓展阅读

柴闪闪书写精彩劳动人生

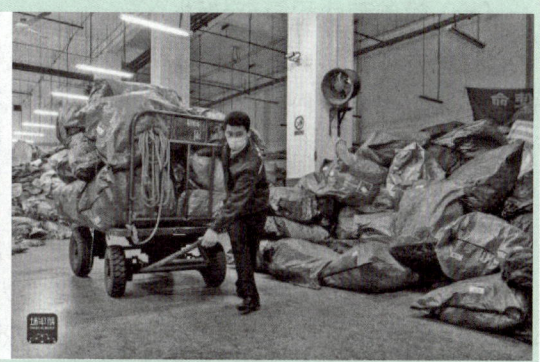

图 1-1-3 柴闪闪(右)和他穿旧的鞋(左)

这是一双特制的劳保鞋:鞋尖有钢板,底部有钢钉,鞋底约两厘米厚(图1-1-3)。不到一年,鞋底还是被磨平了。这双鞋见证了柴闪闪"闪闪发光"的奋斗人生。

2004年,19岁的柴闪闪从湖北老家只身来到上海,成为上海邮政的一名邮件转运员,工作地点就在铁路上海站。刚开始,柴闪闪以为邮件转运员是简单轻松的活儿,理理邮件、送送信件就行了,没想到扛的邮件大包比在老家扛的麦子还重,一个包裹50公斤,一个人一天要搬近百袋。有工友没干几个月就走了,他却咬牙坚持,只因有个落脚大城市的梦想。想留下,就得有一技之长;想长本事,就得学。怎么堆码不会倒,怎么放不会把邮件震出"内伤",老师傅教,柴闪闪跟着学,下了班还仔细琢磨、反复练习。后来,别人干一两个小时的活,柴闪闪20分钟就能做完。

柴闪闪熟记2600多个地名,一提笔就能画出全国铁路干线图,扎实的基本功让柴闪闪获得上海邮政"业务技能练兵"大赛第一名,并在2012年转到接发员岗位。经过十多年的努力,这个当年来自湖北的普通农民工,已经成为邮政系统的业务骨干、技术标杆。他干一行、爱一行、精一行,靠着过硬的业务能力和吃苦精神,从农民工、转运员、接发员成长为全国邮政系统先进个人、上海市优秀青年突击队员、全国劳动模范,并当选全国人大代表,还获得了全国五一劳动奖章。如今,以他名字命名的"闪闪堆码法"在邮政系统的邮运中得到广泛应用,确保了邮件处理的"安全、质量、时限"。

在我们身边,还有很多像柴闪闪这样的人,比如外卖骑手宋增光、"拉面匠"韩木海买、"小砌匠"邹彬……一个个看似"开挂"的人生背后,无不是勤于劳动、勇于奋斗的精神熠熠生辉。回首奋斗路,是中国共产党带领工人阶级和广大劳动群众,以劳动托起中国梦。在全面建成小康社会的伟大征程上,劳动者以脚踏实地的努力、毫不懈怠的拼搏,一步一个脚印迈向幸福新生活。

(资料来源:http://bj.chinapost.com.cn/html1/report/2206/7674-1.htm,有改动。)

二、劳动的类型

(一) 简单劳动和复杂劳动

按照劳动的复杂程度,劳动可分为简单劳动和复杂劳动。简单劳动是指在一定的社会条件下不需要经过专业训练,每个普通劳动者都能从事的劳动。而复杂劳动是指需要经过专门学习和训练,在技术上具有更高复杂度和专业性的劳动。

(二) 体力劳动、脑力劳动和生理力劳动

根据劳动所依靠的主要运动器官的不同,劳动可分为体力劳动、脑力劳动和生理力劳动。体力劳动是指以人体肌肉与骨骼的劳动为主,以大脑和其他生理系统的劳动为辅的人类劳动。脑力劳动是指以大脑神经系统的劳动为主,以其他生理系统的劳动为辅的人类劳动。生理力劳动是指除了体力劳动和脑力劳动以外的其他形式的人类劳动。

一般的人类劳动由体力劳动、脑力劳动与生理力劳动按照不同的比例关系组合而成。通常意义上的脑力劳动是指以脑力劳动为主的复合劳动,体力劳动是指以体力劳动为主的复合劳动,生理力劳动是指以生理力劳动为主的复合劳动。

(三) 具体劳动和抽象劳动

劳动具有两重性,即具体劳动和抽象劳动。具体劳动也称有用劳动,是人类特殊的、具体的劳动,它创造商品的使用价值,其性质和形式由生产的目的、操作方式以及商品的使用价值、对象、手段和结果决定。

抽象劳动是无关劳动的具体形式的无差别的人类一般劳动，它创造商品的价值。简单而言，具体劳动是指怎样劳动、什么样的劳动；抽象劳动关乎劳动量多少、劳动时间多长。具体劳动和抽象劳动既紧密联系又有所区别：一方面，具体劳动和抽象劳动是同一劳动过程的两个方面，所以在时空上保持一致；另一方面，具体劳动反映人与自然的关系，是劳动的自然属性，抽象劳动则反映商品生产者的社会关系，是劳动的社会属性。

抽象劳动是价值的源泉，但抽象劳动不等同于价值，抽象劳动只有凝结到商品中才能形成价值。

三、劳动的重要意义

马克思认为，人与动物最大的区别就是人类劳动的自觉性，"有意识的生命活动把人同动物的生命活动直接区别开来"。

1958年，中共中央、国务院关于教育工作的指示中明确地表示要将教育与生产劳动相结合确定为党的教育工作方针。20世纪90年代，"教育必须与生产劳动相结合"的提法被写入了《中华人民共和国教育法》，并在2015年的修订稿中予以保留。事实上，我国各地区、各方面还存在劳动教育不同程度被弱化、软化及淡化的社会现象。我国在第十三届全国人民代表大会常务委员会第七次会议上通过了对《中华人民共和国劳动法》等7部法律的修改决定，由此可见，国家对劳动及劳动保护非常重视。劳动无论是对个人还是对社会，乃至对国家都有极其重要的意义。

1. 劳动是个体创造美好生活、实现人生价值的基本途径

习近平总书记多次强调，"幸福不会从天降，美好生活靠劳动创造""幸福都是奋斗出来的""永远把人民对美好生活的向往作为奋斗目标"。劳动是个人实现人生价值、享受美好生活的基本途径。恩格斯曾在《劳动在从猿到人转变过程中的作用》中指出："其实劳动和自然界一起才是一切财富的源泉，自然界为劳动提供材料，劳动把材料变为财富。但是劳动还远不止如此。它是整个人类生活的第一个基本条件，而且达到这样的程度，以致我们在某种意义上不得不说：劳动创造了人本身。"每个人都离不开劳动，美好的生活需要通过劳动创造，这是新时代劳动教育的新的内涵。可以说，充分调动人们作为劳动主体的积极性，使之为了实现美好目标而奋斗，是新时期对人们的新期待。

马克思说，劳动是人的本质特征，是人的第一需要。劳动是人类最基本的生产活动，也是为了生存和发展而采取的最迫切的活动，劳动在创造人的幸福生活方面发挥着决定性作用，正是凭借劳动，人才能够追求美好生活。与此同时，人在劳动过程中形成各种思想观念。从哲学角度看，人类与动物的根本区别在于人类能够制造和使用工具。不仅劳动造就了人类的独特属性，赋予了他们追求美好生活的能力，而且在劳动实践的基础上，人的本质力量不断地增强，生活需求也更为丰富且广泛。中国特色社会主义进入新时代，我国社会主要矛盾已经转化为人民日益增长的美好生活需要和不平衡不充分的发展之间的矛盾。人们不再满足于丰衣足食，而是要从中获取更多的满足感和幸福感，而这些都需要通过劳动获得。从这个方面来说，劳动促进了人的自身发展，使人追求美好生活成为一种必然。"美好生活,作为一种生活目标,它是人在实践中形成、有可能实现的一种未来理想生活状态。"正如马克思所说,劳动已经不仅仅是谋生的手段,而且成了生活的第一需要。这就要求我们把握好"美好生活靠劳动创造"这一基本价值指向,正确认识劳动在人的生存和发展中的重要地位,同时相信通过劳动肯定能实现人的美好向往,实现人生价值。

2. 劳动是推动人类社会进步的根本力量

营造"劳动光荣"风尚是新时代劳动观教育的突出要求。随着社会的变迁和发展,劳动光荣的意识在不同时期有不同的意义。在中华人民共和国成立之前,劳动光荣多强调的是在道德上的认可和执行。劳动可作为衡量一个人道德的标尺,在某程度上可以说,人的劳动过程就是一个道德的打磨过程。是否劳动、劳动的态度、最终的结果可以反映一个人的品德。但是,这种道德化的解释存在弊端,即人们的道德观念会随着利益关系变化而发生变化。中华人民共和国成立以后,劳动发展成为思想政治教育的重要环节,因此,劳动光荣开始成为社会主义社会的主旋律。

改革开放以来,人们对物质财富的追求逐渐加强,"劳动光荣"的理念在一定程度上转向了对物质获得感和满足感的强调。这个转变表明了人们越来越重视劳动的实用性,使得劳动成为推动生产力快速发展的关键因素。

新时代到来,劳动光荣着重强调劳动人民在精神上的重塑,产生了"劳模精神""工匠精神""创新精神"等新词汇。它们是对我国广大劳动人民的劳动和生产实践活动的高度凝练与本质概括,是全体劳动人民在为实现中华民族伟大复兴的道路上写下的浓墨重彩的一笔。至此,劳动光荣被赋予了更多的活力和更丰富的价值意义。营造劳动光荣的社会风尚是一个长期且复杂的过程,离不开劳动人民的道德认可、物质满足和精神塑形。在社会主义现代化建设的进程中实现"劳动最光荣"的目标,是一项艰巨但意义重大的任务,可以说,劳动是推动人类社会进步的根本力量。在科技发展、精神文明建设颇具活力的新时代,要想传递富有新含义的"劳动光荣"理念,必须把它作为新时代劳动教育的出发点和最终归宿。

3. 劳动是富国强民的重要举措,是国家发展的前提和力量

马克思曾说:"任何一个民族如果停止劳动,不用说几年,就是几个星期,也要灭亡,这是每一个小孩都知道的。"国家的发展依靠的是劳动支撑起的各行各业的有序运行,从一个人依靠劳动自力更生到千百万人依靠劳动丰衣足食,支撑起来的是整个国家的安定和发展。

当中国还处于封建社会时,西方国家就已经出现了新的生产方式。中国没有跟上世界历史发展的潮流,在西方坚船利炮的轰击下陷入了半殖民地半封建社会内忧外患的境地。在这种背景下,仁人志士高举挽救民族危亡和振兴国家的旗帜,不再局限于传统的农耕劳作和手工作坊,开始学习西方先进的科学技术,带动了教育的现代化。经过了新民主主义革命和社会主义革命,我们虽然建立了社会主义制度,但经济基础远落后于世界先进水平,这就决定了我们必须解放和发展生产力,工人阶级作为先进生产力的代表一马当先。自改革开放以来,我们提出建设富强民主文明和谐的社会主义现代化国家,确定了全面建成小康社会的奋斗目标,强化了人民的劳动主体地位,强调了劳动的客观价值和意义。可以说,正是全体劳动人民对待劳动的热情,以及积极进取的决心和不懈努力,才使得社会主义事业蓬勃发展。

习近平总书记曾强调,要弘扬劳模精神,弘扬劳动精神,弘扬我国工人阶级和广大劳动群众的伟大品格,在实现"两个一百年"奋斗目标的伟大征程上再创新的业绩,以劳动托起梦想。在新时代的背景下,将劳动教育与"托起中国梦"相结合已成为劳动教育的重要发展方向,更是实现中华民族伟大复兴的强大动力。实现中华民族伟大复兴是近代以来中华民族最伟大的梦想。这一伟大梦想是与中华民族劳动人民的劳动和实践紧密联系在一起的。

在推进我国社会主义现代化建设的伟大征程中,任何助力实现中国梦的劳动都是光荣的。参与这一宏伟进程的所有劳动者,都应当受到社会的尊重与认可,因为他们所付出的努力,本质上都是为了实现国家富强、民族复兴、人民幸福的崇高目标。中国梦是每一个劳动者的梦想,劳动者是实现这一梦想的坚实主体。而实现中华民族伟大复兴,正是广大劳动人民通过辛勤劳动、不懈奋斗所共同追求的价值方向。

第二节 劳动教育

劳动教育

一、劳动教育的含义

国内外对劳动教育含义的理解见仁见智,概括起来有以下三种。

(一)德育说

德育说强调劳动教育的德育属性,将其明确界定为德育的重要组成部分。在此视角下,教育的关注点集中于培养个体对劳动的热爱、对劳动人民的深厚情感,以及树立正确的劳动观念和态度。同时,劳动习惯和技能的教育被视为在日常生活中逐渐形成的成果,而不突出劳动教育的智育价值。

(二)智育说

智育说强调劳动教育的智育属性,其核心在于将劳动教育的主要价值定位于传播现代生产基本知识和技能,以及提升社会劳动力的智力水平。智育说旨在确保劳动教育不局限于实际操作,而更注重劳动者在智力层面上的提升与发展。

(三)全面发展学说

全面发展学说强调劳动教育是一种集德育、智育和美育于一体的综合性教育模式。随着经济社会的稳步前进,劳动教育的内涵更加贴近全面发展学说的核心理念。苏联教育家苏霍姆林斯基曾明确指出,劳动教育不仅是年轻一代参与社会生产的实际锻炼,更是对德育、智育、体育、美育产生深远影响的关键因素。而在我国,现代教育家陶行知则将劳动教育定义为"在劳力上劳心"的实践活动,其宗旨在于促进手脑协调发展,进而增强个体的自立能力,深刻领悟事物真谛,并体验劳动者的辛勤付出。据此,劳动教育可以被理解为以劳动为桥梁,致力于培养劳动者具备优良劳动价值观的教育形式。它通过提升劳动者劳动素养的方式,帮助劳动者实现全面发展。在内涵层面,劳动教育是一项融合德育、智育、体育、美育的综合性育人活动;在外延层面,劳动教育涵盖劳动价值观的构建、劳动技能的传授、劳动态度的塑造、劳动情怀的培育、劳动习惯的养成等方面。

二、劳动教育的特征

劳动教育作为以提升学生劳动素养的方式促进学生全面发展的教育活动,是国民教育体系的重要内容,具有树德、增智、强体、育美的综合育人价值,其基本特征如下:

第一,鲜明的思想性。强调劳动者是国家的主人,一切劳动和劳动者都应该得到鼓励和尊重,反对一切不劳而获、崇尚暴富、贪图享乐的错误思想。

第二,突出的社会性。要求引导学生走向社会、认识社会,强化责任担当意识,体会社会平等、和谐的新型劳动关系。

第三,显著的实践性。以动手实践为主要方式,引导学生在认识世界的基础上,学会建设世界、塑造自己,实现树德、增智、强体、育美的目标。

三、劳动教育的意义

自革命战争时期的烽火连天,到社会主义建设时期的如火如荼,再到改革开放的波澜壮阔,中国工人阶级和广大劳动群众在中国共产党的坚强领导下,始终站在时代的前沿,用辛勤的汗水和智慧谱写了"咱们工人有力量"的壮丽篇章。

习近平总书记强调,正是因为劳动创造,我们拥有了历史的辉煌;也正是因为劳动创造,我们拥有了今天的成就。老工人孟泰以身作则,带领工友捐献器材,克服严寒收集废旧零件,未曾花费国家一分钱,成功建立了当时鞍钢著名的"孟泰仓库";产业工人许振超以其班组的高超技艺,如"一钩准""一钩净""无声响操作"等,多次打破集装箱装卸的世界纪录;航天科技"嫦娥"团队勇于探索,成功研制出我国首颗月球探测卫星——嫦娥一号……一座座丰碑上镌刻着不同时代劳动者只争朝夕、奋力拼搏、开拓创新的坚定身影,彰显了我国工人阶级的卓越贡献和崇高精神。

随着国民经济的快速发展,社会生产力的大幅度提高,企业对劳动者的素质要求越来越高。作为培养符合时代需要劳动者的主阵地,学校自然承担着重要的角色,但当前,部分学校过分注重对学生技能和智能的培养,忽视了对学生劳动方面的教育,导致一些大学生劳动观念淡薄,劳动意识不强;顶岗实习期间不愿吃苦,怕累怕脏。由此可见,加强大学生劳动观念教育的意义十分重大。

(一)有利于满足职业教育发展的需要

中国几千年来就有的"学而优则仕"的思想根深蒂固地存在于社会各个层面,使社会普遍对职业教育有着错误的认识:认为职业教育就是培养一线操作技工,通俗地讲就是在厂里干"苦、累、脏、差"的活。这种片面的看法使大部分学生产生了极大的自卑心理,觉得选择职业学校读书是一件没有面子的事情,在亲朋面前甚至不敢或不愿谈及自己的学校、专业。这样就会导致大学生产生自暴自弃的想法,疏于管理自己,放纵自己,就更不利于职业教育朝着良性、健康的方向发展。职业教育是国家教育体系的重要组成部分,劳动和劳动教育则是教育不可或缺的一部分,是全面贯彻落实党的教育方针、实施素质教育、提高学生总体素质的基本途径。

(二)有利于满足学生未来职业发展的需要

劳动教育是中国特色社会主义教育制度的重要内容,直接决定社会主义建设者与接班人的劳动精神面貌、劳动价值取向和劳动技能水平。要适应未来的职业活动,固然需要足够的知识和较为完善的技能,但是一个人的主观意识直接决定其能力的发挥和行为的结果。而且现代社会特别注重劳动者的素质,没有高尚的劳动品质和极强的劳动能力,劳动者的技术优势就得不到充分发挥,工作质量就得不到保证。职业教育作为就业教育,其培养的大学生在毕业之后将直接进入社会,走上工作岗位。他们能否健康发展,能否成功地扮演自己的社会角色,与自身的劳动素质紧密相关。因此,大学生应充分认识到劳动教育与未来职业的关系,努力提高自身素质,才有可能成为全面发展的社会主义建设者和接班人。

(三)有利于满足学生健康成长的需要

劳动教育促进学生的健康成长和全面发展。劳动教育具有培养劳动技术技能、提升技术素养的主要功能,还具有以劳树德、以劳增智、以劳强体、以劳育美和以劳创新等促进学生全面发展的综合功能。大学生正处于青年时期,处于心理发展迅速走向成熟但又未完全成熟的阶段,正处于世界观、人生观、价值观的形成时期,而劳动教育具有一定的政治和道德意义,是大学生整体素质教育的一部分。通过劳动教育,一方面,大学生可以培养艰苦朴素、吃苦耐劳的劳动美德,养成尊重他人劳动成果的品质,增强自己的责任心和团队协作精神;另一方面,大学生可以在劳动过程中强健体魄,培养认识问题、分析问题和解决问题的能力,培养自己的创造能力和创新能力,并树立正确的世界观、人生观和价值观,帮助自己健康成长。

四、职业院校劳动教育的使命

(一)调动大学生劳动的主观能动性

充分发挥每个大学生的主观能动性是有效开展大学生劳动教育的核心和关键。大学生应积极主动参与劳动教育,提高自己对劳动教育必要性和重要性的认识。

1. 树立正确的人生观和价值观

大学生应自觉树立正确的人生观和价值观,深刻认识自身担负的使命和责任。他们应理解个人价值的实现不在于个人享受,而在于对国家、社会和他人的贡献;理解偏狭的个人价值观将极大地制约个人的发展;理解只有树立正确的人生观和价值观,才能充分认识自身担负的责任与使命,进而激发自我提升的内生动力。

2. 清楚地认识自身存在的问题

大学生在树立正确人生观和价值观的同时,应清楚地认识到自身存在的问题。当代大学生普遍成长于优渥的环境中,然而,家长的过度呵护及学校劳动教育的缺失使部分学生出现了心态浮躁、眼高手低、逃避困难、害怕挫折等问题。大学生要清楚地认识到自身存在的问题,找到原因并积极寻求改变,提高增强自身的抗挫折能力。

3. 正确认识劳动教育的必要性

大学生应通过劳动教育树立正确的劳动价值观,通过劳动实践实现生活的独立,增强面对挫折的心理素质,提升自身的品格与能力。正确认识劳动教育的必要性是充分调动大学生参与劳动教育的热情、激发大学生通过劳动实践提高自身综合素质的自觉性的前提,只有以此为基础,劳动教育才能取得良好的教育效果。

(二)丰富劳动教育的内容与形式

大学生劳动教育的开展应结合当代大学生的思想、行为特点和实际需求,结合新时代的教学特点,不断丰富劳动教育的形式和内容,使之更具吸引力和实效性。

1. 课堂教学

学校开设专门的劳动教育课程,通过思政课程及其他专业课教育进行理论渗透。将劳动教育融入课程建设,在各学科的专业课程中渗透劳动价值观的正确引导和教育,增强崇尚劳动的劳动价值观引领。

2. 专业实习

大学生通过专业实习将理论知识运用于实践,加深对知识的理解,切实提高自身的劳动能力和专业知识运用能力。学校要将专业实习与就业指导相结合,注重实效性,避免形式化,努力探索劳动教育培养大学生劳动素质与服务大学生就业相结合的途径,拓宽劳动教育平台。

3. 勤工助学

勤工助学是大学生劳动实践的有效形式,是培养和造就全面发展的人的有力手段,是我国学校劳动教育的重要途径和方式。随着时代的发展,勤工助学的内涵也发生了变化,不断充实和完善更新。学校在为贫困生提供资助的同时,要发挥勤工助学培养其劳动能力、完善其劳动知识、提高其劳动技能的重要作用。

4. 校园活动

大学生的校园日常生活及活动有效促进了大学生劳动意识的提高和劳动习惯的养成。例如,宿舍卫生检查有效督促大学生增强劳动意识,培养其基本的劳动习惯;校园内、教室内的卫生打扫增加了大学生的劳动机会,培养了大学生的劳动情感和集体意识。又如,宿舍文化艺术节等活动在丰富大学生课余生活的同时,还有效激发了其劳动热情和创造热情;丰富的社团活动也能有效锻炼大学生的能力,提升大学生的综合劳动素养。

5. 社会实践

学校组织的公益活动、支教活动、科技服务、志愿者服务等社会实践活动是培养大学生高尚的思想情操、奉献社会的劳动价值观的有效途径。社会实践活动是大学生劳动教育的重要补充形式,在培养大学生奉献社会、服务人民的劳动价值观,勤劳质朴和脚踏实地的劳动精神,以及提升大学生综合素质方面有着不可替代的作用。

6. 家庭劳动

力所能及的家庭劳动是当代大学生参与劳动实践的重要形式。大学生参与家庭劳动的基本途径是自己的事情自己做、家庭劳务帮着做、务农活动适量做、尊老爱幼争先做。在参与家庭劳动的过程中，要做到家校联系，充分发挥家长在大学生参与家务劳动中的指导和协助作用，学校与家庭共同落实劳动教育的内容，确保劳动教育的成效。

拓展阅读

劳动，创新赋能奋斗

1. "文墨精度"

0.000 68 毫米的加工公差，意味着什么？这相当于头发丝直径的 1/125，连数控机床都难以实现。这不可思议的加工公差出自方文墨之手。这位航空工业沈阳飞机工业（集团）有限公司首席技能专家说："开始很多人说我不适合干这行，但我既然选择了，就一定要做到最好。"凭着追求"最好"的劲头，他不断挑战打磨精度的极限，让"文墨精度"名震业内。

2. "手撕钢"创新研发团队

一片钢板能够薄到什么程度？太钢集团不锈钢"手撕钢"创新研发团队不断给出新答案。

2018 年，在经历 700 多次失败，攻克 175 个设备难题、452 个工艺难题后，这支团队自主研发的 0.02 毫米"手撕钢"成功面世，有效破解了制约我国高精尖领域长远发展的材料难题；2020 年，团队再次突破极限，轧出了光如镜、质地硬、厚仅 0.015 毫米的"手撕钢"……

团队技术员廖席说："创新是什么？是干别人干不了的，挑战不可能！"

劳动者的字典里没有"不可能"。无数像方文墨、太钢集团创新研发团队这样的劳动者及团队，以争创一流、勇攀高峰之志，赋予劳动精神丰富的时代内涵。

在 2020 年全国劳动模范和先进工作者表彰大会上，习近平总书记发出"努力建设高素质劳动大军"的号召，强调"要增强创新意识、培养创新思维，展示锐意创新的勇气、敢为人先的锐气、蓬勃向上的朝气"，为新时代劳动者指明了奋斗方向。

"人民创造历史，劳动开创未来。"一个国家无论发展到什么阶段都要崇尚勤劳致富。当前，我国已经全面建成小康社会，到了扎实推动共同富裕的历史阶段。纵向比较，我国实现了从生产力相对落后的状况到经济总量跃居世界第二的历史性突破，实现了人民生活从温饱不足到全面小康的历史性跨越；横向比较，我国仍是发展中国家，人均财富在世界上尚属中等水平。因此，在扎实推动共同富裕的历史阶段，仍要大力弘扬勤劳致富、艰苦奋斗精神。伟大事业要靠脚踏实地的劳动来实现。在有机会干事业、能干成事业的新时代，各行各业劳动者要积极投身新时代的伟大实践，勤学苦练、深入钻研，勇于创新、敢为人先，为全面建设社会主义现代化国家、实现中华民族伟大复兴作出新的贡献。

（资料来源：https://www.163.com/dy/article/GNDM6AFQ0514HNSF.html，有改动。）

第三节 新时代劳动教育

一、习近平劳动观指导下的劳动教育

习近平总书记在总结各时期中国共产党人的宝贵经验的前提下,依据当代中国国情指出:"实现中华民族伟大复兴的中国梦,必须依靠知识,必须依靠劳动,必须依靠广大青年。"新时代劳动精神展现中国劳动人民踔厉前行的精神面貌,具有强大的凝聚力和感召力,大批青年楷模通过自身的辛勤劳动与诚实劳动让劳动精神可视化,为全面建设社会主义现代化国家注入强大动能。

(一)新时代劳动精神的特质

我国发展环境面临深刻复杂的变化,世界正经历着百年未有之大变局,不确定性、不稳定性明显增加。国内发展的不平衡不充分问题仍然突出,重点领域关键环节的改革任务仍然艰巨。党中央审时度势,作出了立足新发展阶段、贯彻新发展理念、构建新发展格局,推动高质量发展的战略部署。以此为前提,劳动精神的内涵既传承以往对劳动的社会主义价值认识与规定,又在新的历史条件下拥有新的意义。在 2013—2016 年的"五一"国际劳动节,习近平总书记连续发表系列重要讲话,对劳动、中国梦、劳动者、劳模精神等内容进行了深刻阐述。习近平新时代中国特色社会主义劳动思想在充分继承马克思主义思想的基础上,进一步发展了马克思主义劳动观,开创了新时代中国特色社会主义思想的新境界。习近平新时代中国特色社会主义劳动思想包含了劳动实践观、劳动发展观、劳动价值观和劳动教育观等丰富内涵,成为推动党和国家事业发展的强大思想武器与具体行动指南。

习近平总书记在概括新时代劳动精神时将其一分为三,体现了系统性与层次性、普遍性与特殊性的统一,这就是"爱岗敬业、争创一流、艰苦奋斗、勇于创新、淡泊名利、甘于奉献的劳模精神,崇尚劳动、热爱劳动、辛勤劳动、诚实劳动的劳动精神,执着专注、精益求精、一丝不苟、追求卓越的工匠精神"。劳动精神作为一个广义的概念,是对新时代所有劳动者的职业道德要求。它是指新时代的劳动者在将劳动作为其生存需要、生活需要的同时,正确认识个人劳动与社会劳动的关系,摆脱劳动的各种异化状态,在劳动中实现人生价值和人的全面发展。新时代劳动精神具有如下三个特质。

1. 勤于创造、勇于奋斗的特质

当前我国正处于向第二个百年奋斗目标迈进的新征程,一方面,富起来的人民群众对美好生活的向往更为全面、要求更高;另一方面,改革中深层次的顽疾更需要攻坚克难的勇气,甚至需要壮士断腕的决心才能破解。党的十九届五中全会勾勒了"十四五"规划和 2035 年的远景目标,而它的顺利实现需要广大劳动群众不断地创造与奋斗。当今社会,风云变幻的国际形势和飞速进步的科技革命，使得核心竞争力成为一个国家举足轻重的发展"利器"。国家的发展比以往任何时候都更加需要创造性劳动，创新成为发展的第一推动力。新时代我国经济社会发展的高质量要求是大势所趋，时不我待。勤于创造，反映了当代新发展理念的创新使命。勇于奋斗，既是对以往中国人民艰苦奋斗优良传统的传承，又是在新发展阶段消除自满、防止懈怠、攻坚克难的必备品质。新时代的劳动精神必须具备这一特质。

2. 追求卓越、争创一流的特质

全面建设社会主义现代化国家的宏伟目标，必然要求劳动的物质产品、精神产品和服务要达到优质和高效，具有品牌竞争力。这就需要人们具备追求卓越、争创一流的精神特质。这一特质不仅是劳动者中优秀分子的职业精神呈现，而且是对全体劳动者的职业精神期待；不仅是劳模精神、工匠精神的写照，而且是高质量发展前提下中国人的劳动精神航标。追求卓越、争创一流，就是符合现代化发展进程的先进理念和精神气质。

3. 诚信务实、造福社会的特质

中国特色社会主义高质量发展的目标是增加社会财富、提升经济社会发展效益、减少或降低社会成本，让人民群众真正有获得感、幸福感、安全感。因而，在此前提下的劳动必须是有利于社会财富真实而不是虚假的增加、经济真实而不是虚假的繁荣；有利于社会成本的压缩和降低；有利于人民群众共享成果的持续壮大和美好生活的持续改善。我国迈向新发展阶段，必须坚持和强调诚信务实、造福社会这一精神特质，反对和防止劳动的异化，使劳动合乎中国特色社会主义道德。

（二）新时代的劳动实践观与发展观

习近平总书记指出，"人类是劳动创造的，社会是劳动创造的"。从马克思的"劳动创造了人本身"到习近平总书记强调的"劳动是人类的本质活动"，既是对唯物史观劳动思想的继承与发展，也是对新时代中国特色社会主义伟大事业中的劳动的生动诠释。从这个意义上说，习近平新时代中国特色社会主义劳动思想是马克思主义中国化的最新成果之一，也是中国特色社会主义理论体系的重要组成部分。

"社会主义是干出来的"充分体现了马克思主义的实践观思想。习近平新时代中国特色社会主义劳动思想夯实了全民族实干兴邦的劳动实践观，鼓励劳动人民以辛勤劳动、诚实劳动和创造性劳动实现中华民族伟大复兴。

习近平总书记指出"劳动是推动人类进步的根本力量"，进一步强调了劳动创造的历史价值和重要意义，丰富和完善了马克思主义劳动观。从马克思认为的"劳动是任何一个民族存在和发展的基础"到习近平总书记的"劳动开创未来"，揭示了劳动与社会发展的本质联系。实现中华民族伟大复兴是中国未来的发展方向，劳动则是实现社会发展的根本路径。劳动是通向未来的必经之路，只有脚踏实地地劳动，才能描绘出更加绚丽的美好未来。

当代中国正处于实现中国梦的关键历史时期，实现国家繁荣、民族复兴、社会发展、人民幸福的历史责任落在新时代青年的肩上。作为时代新人，大学生要承担起重大历史责任,就必须深刻认识劳动教育的重要性,树立劳动最光荣、劳动最崇高、劳动最伟大、劳动最美丽的价值观念,培养勤俭、奋斗、创新、奉献的劳动精神。勤俭、奋斗、创新、奉献是具有鲜明中华优秀传统文化特征、新时代特征和社会主义特征的劳动精神,对于树立时代新人的正确劳动价值观、培养时代新人的崇高劳动品质、塑造时代新人的健全人格等都具有重要意义。

二、劳模精神融入教育

党的十八大以来,党和政府高度重视劳动教育,习近平总书记多次就劳模和劳模精神发表重要讲话,《关于全面加强新时代大中小学劳动教育的意见》《大中小学劳动教育指导纲要(试行)》等重要文件先后出台。党的二十大第一次把劳动教育写入了报告,提出要"培养德智体美劳全面发展的社会主义建设者和接班人"。从党的十九大报告的"德智体美全面发展"到党的二十大报告的"德智体美劳全面发展",系统阐明了新时代劳模精神的历史源流、嬗变轨迹和生成逻辑,深刻揭示了新时代劳模精神的理论渊源、历史根据、本质特征、时代内涵和实践价值,对进一步弘扬劳模精神提出了新定位、新任务和新要求。

(一)劳模精神是宝贵的精神财富

劳模精神被列入中国共产党人的精神谱系,成为伟大精神之一。习近平总书记多次指出,"全社会都应该尊敬劳动模范,弘扬劳模精神""劳模精神、劳动精神、工匠精神是以爱国主义为核心的民族精神和以改革创新为核心的时代精神的生动体现,是鼓舞全党全国各族人民风雨无阻、勇敢前进的强大精神动力"。党的二十大报告指出要"在全社会弘扬劳动精神、奋斗精神、奉献精神、创造精神、勤俭节约精神,培育时代新风新貌"。

中华人民共和国成立以来,我国各行各业涌现出很多让人难以忘怀的劳动模范,"铁人"王进喜、掏粪工时传祥、营业员张秉贵、乘务员李素丽、"雷锋传人"郭明义、好校长张桂梅等,他们奋战在普通平凡的岗位,均做出了伟大非凡的业绩。他们展现出来的优良品质,是劳模精神新的形象体现。爱岗敬业、争创一流,艰苦奋斗、勇于创新,淡泊名利、甘于奉献,是劳模精神的重要内涵。这不仅是社会主义核心价值观的生动体现,也是时代精神风貌与价值追求的集中体现。劳模都是时代的"脊梁",他们勤勤恳恳、兢兢业业、任劳任怨、甘于奉献,这些品质是任何一个时代都需要的精神财富,也是新时代培养人才的宝贵教育资源。

(二)劳模精神融入劳动教育的时代价值

典型的劳模人物、劳模人物的典型故事作为最生动的教育素材,可以增强大学生的劳动兴趣,使其感悟劳动的真谛。奋战在各行各业的劳模人物不仅是劳动典范,也是不同行业、不同劳动形式的个性化呈现。例如,张桂梅校长的故事体现了爱岗敬业、甘于奉献的劳模精神,可以将"劳动最光荣""劳动最伟大""劳动没有高低贵贱之分"的价值观"润物细无声"地传达给大学生。

习近平总书记指出:"劳动模范和先进工作者是坚持中国道路、弘扬中国精神、凝聚中国力量的楷模,他们以高度的主人翁责任感、卓越的劳动创造、忘我的拼搏奉献,为全国各族人民树立了学习的榜样。"习近平总书记关于劳模和劳模精神的重要论述是习近平新时代中国特色社会主义思想的重要组成部分。将劳模精神融入大学生劳动教育全过程,有利于营造良好的劳动教育氛围,更好地传递社会主义核心价值观,强化大学生的劳动意识。深度挖掘劳模精神的育人功能,能充分发挥劳模精神的思想引领作用,使劳模精神与劳动教育更好地融合。

(三)营造尊重劳动、崇尚劳动的浓厚氛围

在全面建设社会主义现代化国家、实现中华民族伟大复兴的伟大征程上,大学生必须怀着对劳动模范的崇高敬意,继承并发扬劳模精神,努力营造全社会尊重劳动、崇尚劳动的浓厚氛围。大学生应以不懈的辛勤劳动和坚定的奋斗精神,积极融入新时代的社会主义事业,实现个人的成长与价值,于平凡的岗位上创造出不凡的业绩。劳动模范来自不同的行业领域,他们用自己的辛勤劳动在平凡的工作中谱写了不平凡的篇章,他们所展现的劳模精神,已成为全社会无比宝贵的精神财富。

革命战争年代,面对敌人的围堵封锁,边区军民依靠自己勤劳的双手艰苦创业,创造了陕北变江南的南泥湾奇迹;一位名叫张思德的普通战士,响应党中央开展大生产运动的号召,赶挖炭窑时为救战友而牺牲,毛主席为他发表题为《为人民服务》的著名演讲;支前模范"沂蒙六姐妹",为前线将士筹粮草、运弹药、摊煎饼、做军鞋,凝聚支援解放战争的磅礴力量。

中华人民共和国成立以来,党和国家先后召开了16次全国劳动模范和先进工作者表彰大会,表彰全国劳动模范和先进工作者超过3万人次。

中华人民共和国成立初期,我国面临着一穷二白的局面:重工业几乎为零,轻工业只限于少数纺织业……然而,正是在这样的困境中,"铁人"王进喜以坚定的信念和决心,发出"宁肯少活二十年,拼命也要拿下大油田"的豪言壮语,带领大家夺取了大庆石油会战的胜利。

社会主义建设时期,作为第一批北大荒开垦者中的一员,新中国第一位女拖拉机手梁军用青春诠释艰苦奋斗、勇于开拓,她的形象作为原型被印在第三套人民币上,广为流传。掏粪工人时传祥,获得的荣誉再多,仍每天默默地背着粪桶在大街小巷穿梭,宁以一人脏,换来万家净。被誉为"新中国第一店"的北京市百货大楼前,一座半身铜像静静伫立。铜像不是为商业巨擘而立,而是向一位普通售货员——全国劳动模范张秉贵致敬。基石上,陈云同志的题词熠熠生辉:"'一团火'精神光耀神州"。1955年,36岁的张秉贵来到这里当售货员。他把小小的柜台视作展示北京乃至新中国形象的"大舞台",钻研练就了售货"一抓准"和算账"一口清"的技艺,30多年接待顾客近400万人次,没跟人红过一次脸、吵过一次嘴。

改革开放新时期,"杂交水稻之父"袁隆平,为解决中国人的温饱问题,不断追梦,勇于创新。"铁路小巨人"巨晓林,怀揣"学好技术,建设祖国"的信念,用一天天坚持、一步步跨

越,在我国铁路建设的大潮中成长为知识型新型工人,"努力为铁路电气化运营维管作出自己的贡献"。

进入新时代,劳动最光荣、劳动最崇高、劳动最伟大、劳动最美丽的社会风尚深入人心,激励着无数劳动者在神州大地上挥洒汗水。全国劳动模范、贵州钢绳(集团)有限公司二分厂技术员、高级技师周家荣30多年来专注于钢丝绳的生产研发,如今,他的产品不仅服务于世界最高桥梁北盘江特大桥、最长跨海大桥港珠澳大桥,更出口至40多个国家和地区,展现了他"不断研究、不断创新,生产出更多优质钢丝绳产品"的坚定信念。全国劳动模范、中国航发沈阳黎明航空发动机有限责任公司的洪家光,带领团队攻坚克难,成功研发出航空发动机叶片滚轮精密磨削技术,为我国航空发动机的自主研发提供了坚实的技术支撑,并荣获2017年度国家科学技术进步二等奖。他坚信,"时间是奋斗的沉淀剂,只有沉淀和坚持,才能最终获得幸福"。鲜花因汗水而绽放,事业因奋斗而兴盛。各行各业的劳动者们,以干一行、爱一行、精一行的精神,用满腔热血诠释着对党和人民的无限忠诚,共同构筑起我国社会主义现代化建设的坚实基石。

"在长期实践中,我们培育形成了爱岗敬业、争创一流,艰苦奋斗、勇于创新,淡泊名利、甘于奉献的劳模精神",2020年11月24日,习近平总书记在全国劳动模范和先进工作者表彰大会上指出,劳动模范是民族的精英、人民的楷模,是共和国的功臣。"劳动模范身上体现的'爱岗敬业、争创一流,艰苦奋斗、勇于创新,淡泊名利、甘于奉献'的劳模精神,是伟大时代精神的生动体现。"社会主义是干出来的,新时代是奋斗出来的。进入新时代,劳模精神在千千万万青年劳动者中赓续传承。

在迈入新的历史阶段之际,我们将毅然决然地扬帆起航,继续前行。面对新的发展阶段,我们必须毫不动摇地坚持并贯彻新发展理念,积极构建新发展格局,以确保实现高质量发展的目标。这一宏伟蓝图的实现,离不开广大劳动群众的辛勤努力和智慧贡献。回顾社会主义革命、建设和改革开放的光辉历程,我们深切感受到劳动模范对岗位的热爱、对事业的执着以及对卓越的追求,这种精神特质在不同历史时期均得以继承和弘扬,它拥有超越时空的普遍价值,彰显着永恒且独特的魅力。

三、提倡知行合一的劳动教育

由于过去对劳动认识的偏差,不少人重视科学文化知识教育,轻视劳动教育,出现了忽视劳动,不愿意劳动和不想劳动的现象,劳动教育与劳动实践慢慢被边缘化。随着时代的发展,国家对劳动课程、劳动实践日益重视,劳动精神被重新界定。新时代劳动精神的内涵被高度凝练为崇尚劳动、热爱劳动、辛勤劳动、诚实劳动,新时代高校劳动教育被赋予全新的品质要素与价值意蕴。

习近平总书记强调,劳动创造幸福,实干成就伟业。希望广大劳动群众大力弘扬劳模精神、劳动精神、工匠精神,勤于创造、勇于奋斗,更好发挥主力军作用,满怀信心投身全面建设社会主义现代化国家、实现中华民族伟大复兴中国梦的伟大事业。这为我们学习和践行知行合一的劳动提供了基本的遵循。

落实新时代高校劳动教育的重要载体是要广泛开展日常生活劳动教育,将劳动理论教学和劳动实践紧密结合起来。劳动理论教学包括劳动教育思想和学科专业劳动教育,旨在培养学生正确的劳动观念和劳动态度。学科专业劳动教育要注重挖掘、汲取各学科专业和课程中的劳动教育因素和养料,积极打造"专业+劳动实践""创新创业+劳动实践"的劳动育人模式,融专题教育、劳动实践教育(生产劳动教育、日常生活劳动教育、公益劳动)和创新创业教育于一体。专题教育包括劳动法教育、劳模精神教育等,可邀请法学专家、劳动模范、"大国工匠"等来协助完成。劳动实践教育包括生产技术劳动、日常生活劳动和公益劳动。生产技术劳动要紧扣学科专业特点,有重点地开展新知识、新技术、新工艺、新方法、新工具的教学,组织学生到农村、工厂、科技园区等地参加生产劳动;日常生活劳动可开展一些学生力所能及的校园体力劳动,结合校园生活开展绿化养护、校园卫生、教室清洁、实验室维护、文明寝室建设等实践活动,培养学生掌握日常生活劳动技能和养成良好行为习惯。公益劳动要积极开展服务性劳动实践,以大学生社团和社会组织为载体,开设"菜单式"志愿劳动项目,开展经常性的志愿服务活动和社区义务劳动,引导学生增强公共服务意识,积极参与社区治理。抓好"西部计划""三支一扶"等基层一线就业政策,引导学生扎根基层建功立业,培养学生到艰苦地区和行业工作的奋斗精神。

人民创造历史,劳动开创未来。实践告诉我们,伟大事业始于梦想、基于创新、成于实干。只有崇尚劳动、热爱劳动、辛勤劳动、诚实劳动,人世间的美好梦想才能实现,发展中的各种难题才能破解,现代化建设的新辉煌才能铸就。习近平总书记多次强调,劳动开创未来,奋斗实现梦想。劳动是青年人成长成才的关键课程,也是必修课程。青年人应在劳动中感悟生活、锤炼品德、磨炼品性、锻造技能、提升素质,成长为中国特色社会主义的可靠接班人。

四、新时代劳动教育的时代特征

(一)时代性

高等学校作为培养兼具红色基因、专业素养的高层次人才的核心阵地,其职责至关重要。随着高等教育普及进程的加快,高校的职能日益拓宽,涵盖了学术研究、技术创新、文化传承等诸多重要使命,其中,人才培养更是其不可动摇的根本职责。因此,高等教育必须契合时代发展脉搏,精准回应社会现实需求,积极服务国家整体发展战略。这就要求劳动教育理念必须与时俱进,教育方式方法必须不断创新,以确保教育内容的丰富性和形式的多样性。随着互联网与传统产业的融合不断加深,众多"互联网+"新兴产业和岗位应运而生,劳动形态与方式亦随之发生深刻变革。传统的劳动教育模式已无法完全适应当前的教育需求。在新时代背景下,劳动教育应当坚持马克思主义指导思想,紧跟社会发展步伐,积极响应时代号召,展现出新的时代特色与风貌。

(二)综合性

劳动作为促进人类自我进步的核心动力,与德育、智育、体育、美育共同构成推动现代化人才全面发展的培养体系,相互补充,相互促进。当前,劳动教育已超越传统范畴,不再局限于基本生存技能培训和单纯的体力劳动,而是涵盖劳动观念、劳动情感、劳动意志和劳动行为4个维度的综合教育。这种教育形式结合体力与脑力,旨在全面促进学生的身体素质提升与心理健康。因此,新时代的劳动教育更加紧密地与社会需求相结合,贴近生活实际,致力于实现学生的全面成长。

党中央高度重视大学生的全面发展,发布多份文件明确指出劳动教育需符合学生的阶段性发展特征,满足其成长需求。这不仅为落实立德树人根本任务提供了坚实基础,也为实现综合育人目标提供了有力保障。

(三) 实践性

劳动教育严格遵循"教育与生产相结合"的基本原则,坚持理论与实践的内在统一,其核心在于通过劳动实践潜移默化地达到教育目标。在新时代背景下,应鼓励高校组织形式多样、内涵丰富的实践活动,将劳动实践全方位融入教育体系之中,并将劳动精神深度渗透于学生的日常生活中。这样的教育模式旨在确保学生在系统学习理论知识的同时,能够时刻参与劳动,从而养成良好的劳动习惯,并培育卓越的品格。这一过程实质上是"有目的、有计划地组织学生参加劳动,让学生动手实践、出力流汗"。

高校作为青年步入社会前的重要学习生活场所,肩负着增强学生实践能力、培养应用型人才的重大使命。社会实践作为应用型高校实践教育的重要组成部分,不仅是高校实践育人的重要平台,更是大学生实现德智体美劳全面发展的重要途径。大学生唯有积极投身于实践活动,深入社会、贴近劳动者,才能积累更多关于"劳动幸福"的感性认知,并在实践中塑造正确的价值观、更新知识技能、提升人格魅力,从而实现个人的全面发展。因此,高校必须将劳动教育贯穿人才培养的整个过程和各个环节,高度重视实践育人的效果,广泛组织社会实践活动,让学生在实践中提升能力、培养精神。

(四) 规律性

在推进高校劳动教育实施的过程中,必须紧密结合学生的身心发展特征,严格遵循教育教学规律,科学合理地规划劳动教育形式,丰富其内涵,并不断创新实施方法。高等教育旨在培养德智体美劳全面发展的优秀人才,德智体美劳五育应当均衡发展。因此,劳动教育的强度与难度必须适应大学生的身心发展规律和实际动手能力。若劳动强度过小或项目设置过于简单,则易导致学生轻视劳动,敷衍了事,无法实现教育目标,造成资源浪费;反之,若强度过大或项目设置过于复杂,则可能适得其反,不仅影响教育目标的实现,还可能使学生对劳动产生厌烦情绪,丧失信心。

劳动教育的内容应紧密贴合学生的学习和生活实际,体现其专业性和实用性,满足学生的兴趣需求,并紧跟时代步伐。通过这样的教育方式,学生能够在劳动实践中提升自己的专业技能,培养兴趣爱好,享受劳动带来的成就感,进而增强社会责任感。同时,新时代下的劳动教育应充分利用地域特色,因地制宜,合理利用地区资源,积极传承地域文化,增强劳动教育的地域针对性和实效性。

五、新时代劳动教育的意义

（一）劳动价值观层面：树立正确的劳动观念

新时代高校劳动教育致力于在新时代背景下，对高校学生进行全面、系统的劳动教育。高校学生作为社会主义建设者与接班人，相较于中小学生，更需要接受全面深入的劳动价值观教育。劳动价值观教育涵盖了对马克思主义劳动观的坚定信仰，对中国特色社会主义思想体系的贯彻，以及对习近平总书记重要讲话精神的深入学习，特别是对习近平治国理政新理念和新策略的深入理解。它不仅是新时代高校劳动教育的核心任务，更是确保学生全面发展的必要手段。

正确的劳动观将成为学生终身受益的精神财富。它不仅能够有效引导学生的健康成长，还能协助学生正确分析复杂的社会现象，坚定政治方向，成为学生择业就业和日常生活的重要指南。因此，新时代高校劳动教育必须深入引导学生树立正确的劳动价值观，使他们坚定"四个自信"，积极承担起民族复兴的历史使命。

在引导学生树立正确劳动观的过程中，应特别强调"劳动幸福"的核心理念。随着新时代我国社会主要矛盾的转变，人们对美好生活的追求日益迫切，且不再局限于物质层面，而更加注重精神层面的满足。作为即将步入社会的青年一代，大学生对美好生活的向往尤为显著。然而，在追求梦想的过程中，许多大学生尚未找到实现个人价值与社会价值的路径。因此，加强"劳动光荣、劳动幸福"的教育，不仅有助于大学生在劳动中创造美好生活、体验幸福，更能使他们深刻领会劳动的真谛，勇于承担民族复兴的历史重任，在面对挑战时迎难而上、积极作为，回应时代的召唤。

（二）劳动技能层面：增强创造性劳动能力

劳动教育应紧跟科技发展和产业变革的步伐，重点关注劳动新形态，并积极响应新兴技术支撑和社会服务的新变化。随着劳动与科学技术的深度融合，社会生产力持续进步，劳动方式、劳动对象发生显著变化，体力劳动与脑力劳动的界限逐渐模糊。信息技术产业、服务产业已经成为当今社会劳动的主要领域，社会对劳动者的素质要求日益提高。因此，劳动者需要适应信息化时代的发展，全面掌握与信息技术相关的知识与技能。

为了实现中华民族伟大复兴，增强劳动者的创造性劳动能力至关重要。推进社会主义现代化建设、落实科技强国战略，离不开创新驱动和创造精神。大学生作为未来社会建设的重要力量，必须不断增强自身的创造性劳动能力，以适应社会发展、满足国家需求，并更好地实现个人价值。

提升大学生的创新能力不仅符合其成长成才的自然规律，更是大学阶段培养的重点。大学时期，学生的想象力和创造力处于最为活跃的阶段，他们乐于接受新鲜的知识和技能，潜力巨大。这为劳动教育的有效实施提供了良好的契机。高校在培养学生劳动技能的过程中，应更加注重创新能力的培养，通过多渠道提升学生的创新能力，培育一支专业技能强、自主创新能力高的高素质劳动者队伍。此外，劳动教育应遵循高校学生的成长发展规律。

（三）劳动态度层面：培养诚实守信的品格

大学时期是青年个体世界观、人生观、价值观塑造与巩固的重要阶段，期间亦伴随着外界诱惑的考验。在新时代的社会背景下，劳动选择的多样化无疑为大学生提供了广阔的发展空间，但同时也带来了潜在的危机与挑战。当前，大学生网络电信诈骗案件频发，部分学生在追求短期利益及虚荣心的驱使下，难以抵御利益诱惑，陷入网络借贷或违法犯罪的深渊。此外，高校学术论文造假等学术不端行为屡禁不止，也为我们敲响了警钟。这些现象凸显了加强大学生诚实守信品格培养的必要性和紧迫性。"人世间的美好梦想，只有通过诚实劳动才能实现。"一切企图不劳而获或投机取巧的行为，终将化为泡影。诚实劳动不仅是个人社会道德的重要体现，更是个人遵纪守法的基石。任何违背诚实劳动原则、跨越道德底线、触碰法律红线的行为，都将自食其果。

因此，高校应全面深化诚信劳动教育，将其融入教育教学的全过程，努力营造诚实守信的校园风尚和公正严谨的学术氛围，以培育具备诚实守信品质的社会公民，引领良好社会风气，共同构建诚信和谐的社会环境。

（四）劳动精神层面：深化实干兴邦的家国情感

在新时代背景下，大学生应将个人命运与祖国的命运紧密相连，将个人发展融入民族兴衰之中。他们需要坚定理想信念，深化家国情感，勇于担当与奉献。大学生的成长不仅关乎其个人未来的道路选择，更直接影响着中华民族伟大复兴的宏伟目标的实现。因此，新时代的大学生应怀揣爱国、爱社会主义的情感，牢固树立家国情怀。

个人之精神乃立身之本，国家之精神乃强盛之源。爱国爱党、自强不息、积极奉献、勇于担当构成了国家的精神内核，是民族的灵魂所在。一个缺乏民族情感和集体意识的人，如同江河中的孤叶、大海中的扁舟，终将漂泊无依，失去生存的意义和价值。因此，高校要倡导并培养大学生的家国情怀，让他们成为实现中华民族伟大复兴的中坚力量。

新时代的大学生应坚定信念，立志报效祖国；应艰苦奋斗，为国家的发展贡献力量，成为国家在国际竞争中勇立潮头的锐利武器。高校应引导学生与人民群众同呼吸、共命运，将实干兴邦的家国情感内化为精神追求，外化为行动准则，从而实现个人价值与社会价值的和谐统一。

六、新时代劳动教育的实施

（一）学校劳动教育的现状

在国家、社会和学校的共同关注下，学校劳动教育得到了一定程度的发展并取得了一定成效，但还是相对滞后，仍然是学校教育的薄弱环节，存在的问题不容忽视。当前我国学校劳动教育存在的问题主要表现在以下4个方面。

1. 劳动教育的观念相对淡薄

学校教育以学生科学文化知识的学习为主，注重专业知识的传授，而忽略了劳动价值的引导、劳动精神的培养、劳动习惯的养成、劳动实践锻炼等方面的教育。首先，学校在理论教学中主要以学生专业文化知识的学习掌握为教学目标和考核内容,关于劳动价值观和劳动精神的教育内容甚少,而且教育效果与教师自身的劳动价值观和劳动素养有很大关系,劳动教育无专门的课程设置。其次,在劳动实践方面,各学校的专业实习时间相对较短,也安排得较晚,难以与专业理论学习紧密衔接。最后,学校对学生日常劳动习惯养成的关注较少,学生劳动习惯的培养教育在很多学校相当缺乏,且没有被重视。

2. 劳动教育缺乏科学系统的管理

劳动教育取得良好的效果离不开科学设计和有效管理,而当前我国多数学校对劳动教育缺乏科学系统的管理,主要表现在以下2个方面。

(1) 劳动教育的物质保障不到位

学生劳动教育的开展需要人力资源、教学设备、劳动工具、劳动场所等的投入。目前多数学校对劳动教育的资金支持和物质保障有限,因此,学生劳动教育的开展受到很大的限制,劳动教育的积极作用很难得到充分发挥。

(2) 劳动教育的制度保障不充分

劳动教育受到多种因素的制约,缺乏科学系统的管理制度是目前导致学生劳动教育存在诸多问题的关键所在。没有专门的组织机构和有效的管理机制,缺乏专门的部门来落实,缺乏专门的人员来统一规划和管理,最终导致劳动教育缺乏时间保障及组织管理。

3. 劳动教育的内容和形式缺乏时代性

随着时代的发展,当今学生主体的个性特征不断变化,学校劳动教育的内容和形式长期一成不变,缺乏时代性,难以吸引学生,难以适应新时代的教学要求。因此,学生劳动教育的内容和形式需要不断与时俱进,不断发展和创新。在新的时代背景下,劳动教育应结合实际问题,丰富劳动教育的内容和形式,增强劳动教育对学生的吸引力,真正起到提高学生劳动素养、促进学生全面发展的作用。

4. 劳动教育的普及程度不高

由于学校对学生劳动教育的重视程度不够,相当数量的学生在劳动价值观方面出现了偏差,没有养成良好的劳动习惯。学校在推进劳动教育的过程中存在许多问题,未能及时有效地解决学生存在的问题。比如:学校提供的劳动岗位数量有限,只有一小部分学生能获得锻炼机会;学校组织的公益劳动、志愿服务等劳动实践活动,学生主动参与的自觉性较差;活动容纳的人数有限,使学校劳动教育的受众面小。

(二) 劳动教育的实施原则

2020年3月印发的《中共中央 国务院关于全面加强新时代大中小学劳动教育的意见》对新时代劳动教育作出了顶层设计和全面部署,探索具有中国特色的劳动教育模式,促进学生形成正确的劳动观,结合学生的成长实际,坚持劳动教育基本原则,把劳动教育纳入人才培养全过程。

1. 把握育人导向

习近平总书记指出:"劳动是财富的源泉,也是幸福的源泉。人世间的美好梦想,只有通过诚实劳动才能实现;发展中的各种难题,只有通过诚实劳动才能破解;生命里的一切辉煌,只有通过诚实劳动才能铸就。"劳动教育是中国特色社会主义教育制度的重要内容,直接决定社会主义建设者和接班人的精神面貌、价值取向与技能水平。自党的十八大以来,各地区和学校坚持教育与生产劳动相结合,在实践育人方面取得积极成效。同时要看到一些青少年不珍惜劳动成果,不想劳动、不会劳动的现象,劳动的独特育人价值在一定程度上被忽视,劳动教育被淡化、弱化。要培养担当民族复兴大任的时代新人,必须着力提升学生的综合素质,促进学生德智体美劳全面发展和身心健康成长。要解决这些问题,需要把准育人导向,引导学生树立正确的劳动观,形成劳动最光荣、劳动最崇高、劳动最伟大、劳动最美丽的观念,使其崇尚劳动、尊重劳动、辛勤劳动、诚实劳动,以创造性的劳动报效国家、奉献社会。

2. 遵循教育规律

新时代劳动教育必须遵循教育规律,遵循学生的身心成长规律,符合学生的年龄特点。以体力劳动为主,注意手脑并用、安全适度。为此,需要根据不同阶段学生的特点进行系统设计。高等职业院校可根据劳动教育新要求,调整和优化专业人才培养方案,在抓好职业技术教育的同时,强化劳动精神、劳模精神和工匠精神教育,让学生增强职业荣誉感,感受和体会平凡劳动中的伟大。加强劳动教育,需要强化实践体验,让学生亲历劳动过程,提升育人实效性。教育与引导学生砥砺奋斗、吃苦耐劳,在劳动中创造财富和价值,通过创造性的实践活动及成果感受劳动乐趣,激发永远奋斗的精神。

3. 体现时代特征

从《尚书》中的"克勤于邦,克俭于家",到《国语》中的"劳则思,思则善心生",再到《朱子治家格言》中的"黎明即起,洒扫庭除,要内外整洁",诸多古训格言都彰显了勤俭自持、耕读传家的中华传统美德。当今时代,随着经济和社会的发展,劳动形态发生了巨大变化。这就要求劳动教育与新技术、新产业、新业态相呼应,挖掘劳动教育新内涵,创新劳动教育形式,鼓励学生运用多学科知识开展创造性劳动,使新时代劳动教育适应科技发展和产业变革要求;深化产教融合,改进劳动教育方式;强化诚实合法劳动的意识,培养学生的科学精神,提高学生的创造性劳动能力;使劳动教育与立德、增智、强体、育美相结合,帮助学生实现道德的提升、智慧的增长、体质的强健、美感的涵养,进一步彰显劳动教育在新时代的综合育人的价值。

4. 强化综合实施

新时代劳动教育具有较强的社会性,需要全社会共同努力、合力推动。主管部门需要加强统筹规划,拓宽劳动教育的途径,通过相应政策支持劳动教育,建立和完善科学有效的劳动教育激励、督导和评价机制,推动劳动教育有目标、有计划、有针对性地进行。与此同时,推动建立家庭、学校、社会各方面齐抓共管、协同实施的机制。利用各类资源为劳动教育提供必要保障,营造良好的舆论氛围,形成协同育人的劳动教育整体格局。

5. 坚持因地制宜

结合不同地区和学校在自然、经济、文化等方面的条件,发掘行业企业、职业院校的可利用资源,宜工则工、宜农则农,采取多种方式开展新时代劳动教育。利用现有综合实践基地、青少年校外活动场所、职业院校劳动实践场所,建立健全开放共享机制。鼓励高新企业为学生体验现代科技条件下的劳动实践新形态、新方式提供支持。

(三)劳动教育的实施途径

要充分发挥家庭、学校、社会的作用,对学生进行劳动教育。

家庭要发挥在劳动教育中的基础作用。家长要抓住衣食住行等日常生活中的劳动实践机会,鼓励孩子自觉参与、自己动手,让孩子随时随地、坚持不懈地进行劳动,让孩子掌握洗衣做饭等必要的家务劳动技能。学生参加家务劳动和掌握生活技能的情况要按年度记入学生综合素质档案。家长要鼓励孩子利用节假日参加各种社会劳动。家庭要树立崇尚劳动的良好家风,家长要通过日常生活的言传身教潜移默化地影响孩子。

学校要发挥在劳动教育中的主导作用。学校要切实承担劳动教育的主体责任,明确实施机构和实施人员,开齐开足劳动教育课程,不得挤占、挪用劳动实践时间。根据学生的身体发育情况,学校要科学设计课内外劳动项目,采取灵活多样的形式,激发学生劳动的内在需求和动力。学校要统筹安排课内外时间,可采用集中与分散相结合的方式。学校应组织实施好劳动周,组织学生走向社会,参加校外劳动锻炼。

社会要发挥在劳动教育中的支持作用。充分利用社会各方面资源,为劳动教育提供必要保障。各级政府部门要积极协调和引导企业公司、工厂农场等组织机构履行社会责任,开放实践场所,支持学校组织学生参加力所能及的生产劳动,参与新型服务性劳动,使学生与普通劳动者一起经历劳动过程。相关部门要鼓励高新企业为学生体验现代科技条件下的劳动实践新形态、新方式提供支持。工会、共青团、妇联等群团组织以及各类公益基金会、社会福利组织要组织动员相关力量,搭建活动平台,共同支持学生深入城乡社区、福利院和公共场所等参加志愿服务。

思考与练习题

1. 人类的劳动有哪些基本特征?
2. 大学生劳动教育为什么重要?
3. 结合现实生活,说一说新时代劳动教育有哪些特点。

劳动教育课程概述

第二章　中国劳动教育发展沿革

学习目标

1. 掌握新中国劳动教育发展进程。
2. 理解新时代劳动教育的使命。

第一节　中国传统劳动教育观的形成

一、农耕文明下的劳动

中国作为农业大国,数千年的农耕生活孕育出了伟大的农耕文明。据现有的考古发现,我国不同的地区有上万处原始农耕的遗迹,目前已知最早的农耕遗址可以追溯至1万年前。华夏先民在五六千年前就在黄河流域与长江流域形成了发达的农业与农耕文明。农耕文明大大推动了中国社会的发展进程,农耕文明中的文化传承至今仍在影响着我们。

中国的历史典籍中对劳动有很多的表述。《论衡》曾言:"神农之揉木为耒,教民耕耨,民始食谷,谷始播种。"农耕文明的最大特点就是发挥人们最大的主观能动性对世界进行探索性的实践与改进,主要有以下3个方面的表现。

第一,新作物的培育、新农具的发明创造推动了精耕细作农耕模式的形成。我国长江流域一带大约在7 000年前就已经开始种植水稻,后又将其传播到世界各地;在农耕劳作中发明和使用了耒耜、铲、锄、镰等农具,由此推动农业有了真正意义上的"耕"和耕播农业的发展。

第二,对气候、物候变化规律的经验总结影响到千家万户的衣食住行。在农业生产中,春种、夏长、秋收、冬藏,是遵循自然法则、依据"二十四节气"开展的农耕生产活动。这种农事节律又影响和决定着劳动人民的生活节奏,一些节气与民间文化相融合,演变成为固定的生活习俗。例如"清明"要踏青、插柳、荡秋千,还要祭祖和扫墓;"冬至"除了北方吃饺子、南方吃汤圆的习俗以外,也是重要的祭祀祖先的节日。"二十四节气"、农谚等是农民长期生产实践的经验总结,也是农耕时代社会生产、生活的时间指南。在不具备精密的科学测绘仪器的条件下,在生产生活中形成对自然规律的系统化认识,足以彰显华夏先民的创新创造能力和智慧。

第三,农耕是推进中国传统道德形成的重要实践活动,农耕文化的意识形态也在农耕实践中逐渐成熟。人们渐渐被固定在土地上,通过辛勤劳动和诚实劳动创造出许多优秀的劳动成果,实现了生产实践和道德伦理的统一,形成了勤劳朴素、内外兼修、知行合一、以和为贵、坚忍不拔、顺应自然、勇于创新等优良品质。劳动是中华民族绵延不绝、生生不息、发展壮大的精神厚土,热爱劳动和崇尚劳动的劳动精神由此产生。

拓展阅读

后稷播种

后稷(周始祖),姬姓,名弃,生于稷山(今山西省稷山县),被尊为稷王(也作稷神)、农神、耕神、谷神。农耕始祖,五谷之神。后稷为童时,好种麻、菽。成人后,有相地之宜,善种谷物稼穑,教民耕种。后稷第一个建立粮食储备库和畎亩法,放粮救饥,赐百姓种子,被认为是禹最倚重的三公之一。

《竹书纪年》记载:"汤时大旱七年,煎沙烂石,天下作饥,后稷是始降百谷,烝民乃粒,万邦作乂。"又说"汤遭天旱七年,明德以荐,而旱不止,故迁社,是以周弃代为稷,欲迁句龙,而德莫继,故作夏社"。又说"尧水九年,汤旱七年,天下弗安,黎民饥阻,拯民降谷,功在后稷,后稷不克,上帝不临,耗斁下土,宁丁我躬"。

劳动精神在中国大地上传承沿袭了数千年,如今,劳动精神融入高校思想政治教育是高校落实立德树人根本任务的必然要求。习近平总书记在全国宣传思想工作会议上强调,思想政治教育工作必须注重让受教育者深入实际,以马克思主义实践观点涵养大学生的劳动意识。青年学生要深刻理解劳动在人类历史发展中的意义和作用,牢固树立"劳动创造一切"的思想理念,在日常生活和实践劳动中将对劳动精神的认同转化为精神动力。

二、农耕文明中的劳动分工

虽然中国古代以自给自足的自然经济为主导,但这并不意味着古人没有劳动分工或不重视劳动分工。在劳动实践中,一人不可能身兼数艺,再加上生产力的发展和生产技术的不断提高,劳动分工成为必然之势。

成书于战国时期的《考工记》中记述了春秋战国时期木工、金工、皮革工、染色工、刮磨工和陶瓷工6大类30个工种,反映了生产力的发展程度。而通过劳动分工,生产力又得到了进一步提高。管仲甚至还提出把民众分为士、农、工、商四类,分业定居。《管子·小匡》中有"士农工商四民者,国之石民也,不可使杂处,杂处则其言咙,其事乱。是故圣王之处士必于闲燕,处农必就田野,处工必就官府,处商必就市井"。甚至要求"士之子恒为士""农之子恒为农""工之子恒为工""商之子恒为商"(《国语·齐语》),以利于劳动效率的提高,并以此维持社会秩序。

孟子认为社会分工是建立整个社会伦理秩序的基础:"然则治天下,独可耕且为与?有大人之事,有小人之事。且一人之身而百工之所为备,如必自为而后用之,是率天下而路也。"(《孟子·滕文公上》)一个人无法事事躬亲,怎么可能一边耕种一边治天下呢?从整个社会秩序来说,有大人之事,也有小人之事,二者本应泾渭分明。君主的任务是教化万民,敦民人伦,著意劝民躬耒耜。一般民众应以耕作为己任,向国家管理者提供生活所需。儒家有工种之分,荀子认为:"农农、士士、工工、商商一也。"(《荀子·王制》)"故百技所成,所以养一人也。而能不能兼技,人不能兼官。离居不相待则穷,群居而无分则争;穷者患也,争者祸也,救患除祸,则莫若明分使群矣。"(《荀子·富国》)"农分田而耕,贾分货而贩,百工分事而劝,士大夫分职而听,建国诸侯之君分土而守,三公总方而议,则天子共己而止矣。出若入若,天下莫不平均,莫不治辨,是百王之所同也,而礼法之大分也。"(《荀子·王霸》)社会成员的生活需要是多方面的,必须有多种技能、多种工作才能满足人们的需要。而一个人又不可能兼通各种技能,不能兼任各种职业,因此需要社会分工。

三、劳力与劳心的价值之辨

古人对劳动的重要性有明确的认识,但如何看待劳动则有不同观点。由于礼制和等级观念的影响,春秋战国时期的思想家普遍鄙视劳动特别是体力劳动,认为只有所谓"小人"(地位低下者)才从事体力劳动,而所谓"君子"则应"劳心""勤礼",且劳力者应为劳心者所役使。春秋战国以来的知识界特别是儒家对体力劳动的看法,可以说在很大程度上直接影响了此后两千多年中国社会的走向。

但是,儒家思想对传统劳动的影响绝不止于此。儒家思想对传统劳动价值观的影响实际上有两方面。一方面,儒家固然强调劳心劳力的对立和抑彼扬此,从而引导士人将读书视为功名之路、利禄之途;另一方面,儒家也强调人格的独立,强调"义",而独立人格的获得需要劳动作为保障。如孟子讲"穷则独善其身,达则兼济天下"(《孟子·尽心上》),"说大人,则藐之,勿视其巍巍然"(《孟子·尽心下》),"富贵不能淫,贫贱不能移,威武不能屈"(《孟子·滕文公下》)等,都强调了士人要有独立的人格,不可屈从于权势,而劳动提供了独善其身的重要物质保证,士人因此保持了人格的独立。

四、仁政思想中的劳动正义

劳动正义是仁政思想的重要组成部分,是对劳动方式、劳动活动和劳动关系的正义追问,本质上是对劳动方式、劳动活动和劳动关系的合理性前提和目的性根据的哲学反思和价值检审。简言之,劳动正义关注劳动者的所得与付出是否合理。

一是强调生产特别是农业生产的重要性。中国很早就进入了农耕社会,在以农立国的社会里,对农业生产的重要性怎么强调都不为过。先秦时期即设立农稷之官以指导农业生产。《周礼·地官司徒》中有记载:"大司徒之职……辨十有二壤之物,而知其种,以教稼穑树艺。"不仅如此,西周时期,在每年春耕之前,周天子都要率诸侯行"籍田礼","以先群萌,率劝农功",宣扬"王事唯农是务",以此表明对农事的关切和重视。由于强调生产性的农业活动,古代甚至形成了重农抑商的政策,对不直接从事生产的商业进行限制和打压。

二是强调轻徭薄赋,善待农民等生产者。孔子、孟子等均反对聚敛,反对加重农民负担,主张藏富于民,认为"百姓足,君孰与不足?百姓不足,君孰与足?"(《论语·颜渊》)。历史上凡是有远见的政治家,都会注意减轻农民的负担,以利于政权的长治久安。孟子甚至认为"民为贵,社稷次之,君为轻",还提出了"为民制产"的主张。

三是主张劳动者应享有劳动所得。很多劳动者并不享有全部劳动果实,统治者却可以坐享其成,思想家都注意到这个事关正义的分配问题。对劳动者的主体——农民来说,土地就是最重要的生产资料,劳动应享有劳动所得,首先也最重要的就是要有土地。历代农民起义所提出的口号也多是围绕土地、公平等展开的。

四是支持人与自然和谐共生。世世代代的劳动生活让人们懂得尊重自然,深谙土地是人类的一切,是人类生存的首要条件,"不违农时"潜移默化为关于中华民族农业伦理的基本认知。对于先民而言,自然并不是一个外在于人,需要彻底征服、允许肆意改造的纯粹客体。人们心怀感恩,谨慎探索自然的奥秘,遵从自然规律劳作生活,探求与自然共生之道。在这一生存法则的指引下,先民记录了"春候地气始通,椓橛木,长尺二寸。埋尺,见其二寸。立春后,土块散,上没橛,陈根可拔。此时,二十日以后,和气去,即土刚。以此时耕,一而当四;和气去,耕,四不当一"的农耕规律(《氾胜之书》),收获了"不违农时,谷不可胜食也;数罟不入洿池,鱼鳖不可胜食也;斧斤以时入山林,材木不可胜用也"的劳动技巧(《孟子·梁惠王上》)。可以说,道法自然、和谐共生的生存智慧是中华优秀传统农耕文化的内在逻辑。

五是传承中华民族的奋斗精神。人在劳动过程中充实自身,不断推进民族精神的形成。璀璨的华夏文明始于坚持不懈与自然抗争、勤勤恳恳向幸福迈进的农耕生产。"民生在勤,勤则不匮。"(《左传·宣公十二年》)农耕民族勤劳勇敢的生活态度化为中华儿女的精神风骨,孕育出中华民族的文化基因。遵循自然规律改造自然是人与其他生物相区别的显著特征。先民在对自然的绝对崇拜中顺应规律,求得生存再积极探索,逐渐累积对自然规律的认识和改造自然的经验。"天行健君子以自强不息,地势坤君子以厚德载物。"(《周易》)自强不息是最能代表中华民族品格的精神。

五、耕读传家中的劳动教育

我国是世界上最早从事农业生产的国家之一。伴随着农业的推广,农耕文明逐渐发展起来。农耕文明对一代又一代的中国人产生了巨大的影响,促进了中国社会的变革与演进。而耕读文化正是中国数千年农耕文明在特定的历史时期所形成的乡村文化。

古代先民希望拥有耕读相结合的生活方式,因此白天从事农业劳动与晚上挑灯读书共同构成了我国独特的耕读文化,这与实践和学习相统一的劳动教育不谋而合。从"耕以致富,读能荣身"的朴素愿望,到"胸怀天下,振兴中华"的理想追求,耕读文化开拓进取、自信达观、自强不息的精神培养了一代又一代的中华儿女。

学校的诞生使得耕读教育得以萌芽。《礼记·文王世子》记载了我国学校的萌芽。庠、序、学、校是具有教育功能的学校,夏曰校、殷曰序、周曰庠,学则三代共之,并且有大学和小学之别。《困学纪闻·孟子》提及《尚书大传》有载,"岁事既毕,余子皆入学。十五入小学,十八入大学。距冬至四十五日,始出学,传农事"。可见,西周时就有耕读教育的雏形了。

春秋战国时期,分封制逐步发展,伴随着私学兴起、文化下移和阶层流动,耕读相兼具备了一定条件。关于士人仕与不仕这一话题的诸多讨论,一定程度上促进了耕读文化的发展。孔子虽然不建议君子务农,但其招收的弟子颜回,曾皙、曾参父子等均为耕读之名士。秦统一六国以后,"书同文"对耕读文化的发展具有促进作用。汉代,由于统治者对教育和农业的重视,耕读氛围更加浓厚,少数为农的平民通过读书被举荐为朝臣。光武帝刘秀起身于耕读之家,《后汉书·光武帝记》记载,刘秀"性勤于稼穑,而兄伯升好侠养士,常非笑光武事田业,比之高祖兄仲"。东汉至魏晋南北朝时期,受长期战乱影响,隐居躬耕的读书人士大有人在,名士诸葛亮就是典型代表之一。由此可见,从夏商到南北朝,耕读生活悄然萌芽,并实现了初步发展。

隋初的《颜氏家训》作为中华民族史上第一部体系完整的家训,记录有"生民之本,要当稼穑而食,桑麻以衣"。五代十国,写就《章氏家训》的章仔钧在开篇便提到"传家两字,曰耕与读",教诲后世子孙耕读结合,知行合一。到了宋代,劝农劝读的科举制度使得耕读并举深入人心。宋仁宗提出的科举政策为农家学子耕读入仕创造了绝佳条件:一是各地普设各级各类学校,规定士子必须在本乡应试;二是给南方各省规定了各科进士榜的最低优惠配额;三是只允许士农子弟参加科举考试,工商业者及其子弟不能参加。这些政策不仅极大地促进了私学和乡学的发展,而且使耕读传家深深扎根于中国传统文化。

明代,全国拥有1 200余所学校,到了清代,更是多达2 000所。私塾、义学、社学等在乡村地区盛行,读书人数大量增加,耕读传家文化发展至鼎盛时期,在门联门匾、家族家谱中,耕读相关字样比比皆是。明初张谷英用"耕读继世,孝友传家"八字箴言传家,造就了"天下第一村";清代纪晓岚就耕读写下"一等人忠臣孝子,两件事读书耕田"的家训对联。

清末,科举制度被废除,农业地位下降,传统的耕读文化走向式微。1905年,延续1 300多年的科举制度成为了历史。新学制实行,乡村耕读者失去了考试入仕的机会,取代私塾、社学、义学的是建设在城镇的新式学堂,伴随着教育资源的倾斜,大量学生开始远离乡村,涌入城镇或远赴海外,参与耕作的学生少之又少,耕读教育受到了极大的冲击。中华人民共和国成立以后,全国扫盲运动,夜校、农校等农民教育活动增多,耕读小学、耕读中学模式再次掀起了耕读教育之风。1964年,国家提出兴办耕读学校,半耕半读的教育制度在乡村迅速展开。据湖北《黄陂县教育志》记载,截至1965年年底,全县共办耕读小学校2 829所,在读学生39 294人。

当然,古代耕读文化也有消极影响,如技艺传承的封闭性、人身依附关系、不利于社会流动等。但耕读文化发展历经千年,仍然有一定的合理性,我们应该取其精华,去其糟粕,认真总结中国古代非精英阶层的劳动教育实践的经验和优点,促进当代劳动教育体系的发展与完善。

原始简单的教育与生产劳动相结合,几乎存在于整个中国古代社会,其实践与理论也在不断地完善与提高。总之,这种现象说明教育与生产劳动相结合是自古就存在的,有其历史渊源,并且对现代教育有启示意义。我国人民自古以来就热爱劳动,当代学生要传承勤劳勇敢、热爱劳动的民族精神。

第二节　新中国劳动教育发展进程

中国共产党人的百年探索历程为劳动精神不断注入时代新动能。自1921年中国共产党成立以来,劳动解放中国的大幕从此拉开。

土地革命时期,中华苏维埃政府在苏区建立农业互助合作社,带领军民开垦荒地,使得农业生产有了较稳定的劳动力基础,并强调要将教育与生产劳动相结合作为教育的基本方针。这一系列举措在改善苏区人民生产生活条件的同时,也为劳动精神的构建发挥了巨大的效能。抗日战争时期,毛泽东同志在陕甘宁地区发出"自己动手,克服困难"的号召,通过劳模运动、劳动立法及文艺宣传等形式带领人民建设根据地,进一步推动了劳动教育的发展及劳动精神的弘扬。中华人民共和国成立至改革开放时期,我国的综合国力快速提升,这离不开特定时代下中国人民的辛勤劳动与自我奉献。

一、劳动教育初塑时期(1949—1955年)

"劳动和劳动教育是人存活的自然手段。"1949年中华人民共和国成立后的新民主主义社会时期,国家以建设与恢复发展为主要任务,劳动教育也以个人与国家的生存和发展为主要目的进行初塑。面对巩固新生政权和恢复发展经济的重任,党和国家高度重视劳动,把崇尚劳动、热爱劳动、尊重劳动的价值理念贯穿社会改造全过程,倡导劳动参与。国家将这一时期的教育方针定为"为工农服务,为生产建设服务",通过教育支援工农生产,通过教育推动国家建设。1950年,时任教育部副部长钱俊瑞在报告中首次提及"实行教育与生产结合"的教育方针。这一概念的提出使劳动教育有了新的内涵,助推了与基础生产相结合的劳动成为教育的新形式,实现了在劳动中开展教育、通过劳动进行教育,以及劳动推动教育发展。《中央人民政府教育部关于一九五〇年全国教育工作总结和一九五一年全国教育工作的方针和任务的报告》更是明确规定了统一的教育方针政策:"本部于一九四九年十二月召开第一次全国教育工作会议,确定了全国教育工作的总方针,强调指出教育必须为国家建设服务,学校必须为工农开门。"同年,发表于《人民教育》杂志的文章《当前教育建设的方针》提出组织以前未从事生产劳动的人通过参加生产劳动改造自身,把劳动教育作为思想改造的手段,使劳动教育以专业实习、社会服务等形式出现。如在《关于实施高等学校课程改革的决定》(1950年)、《中等技术学校暂行实施办法》(1952年)、《关于改进和发展中学教育的指示》(1954年)中均有相关规定和体现。另外,劳动教育还是解决毕业生就业问题的手段。如《关于有计划地组织未能升学的高小和初中毕业生参加工业生产的通知》(1954年)、《关于组织高小和初中毕业生从事农业劳动和进行自学的报告》(1955年)中均有规定和体现。这一时期,劳动教育作为思想改造的手段,发挥了一定的"思想纠偏"作用,但轻视体力劳动的倾向并未改变。1955年,教育部《关于初中和高小毕业生从事生产劳动的宣传教育工作报告》指出:"过去一年,很多学校采取参观工厂、农场、农业生产合作社,访问劳动模范,请劳动英雄作报告,和劳动青年联欢,阅读有劳动教育意义的读物、参加体力劳动活动等方式在课外对学生进行劳动教育,收到了很好的效果。"参观、访问等多种活动形式让学生走出课堂,走进社会,培养了学生正确的劳动价值观。

中华人民共和国成立初期,国家对劳动教育进行了崭新的探索,完成了劳动教育基本体系的初塑。但在政策落实过程中,存在地区、课程不平衡的问题,人们的劳动意识和劳动习惯普遍还未形成,辍学人数依旧攀升,落实劳动教育的探索依旧任重道远。

二、劳动教育政治化时期(1956—1977年)

在三大改造后,社会主义制度确立,为新的政治制度服务成了这一时期劳动教育新的探索目标。1957年,毛泽东在《关于正确处理人民内部矛盾的问题》中提出:"我们的教育方针,应该使受教育者在德育、智育、体育几方面都得到发展,成为有社会主义觉悟的有文化的劳动者",主张使受教育者成为劳动者而非剥削者,要求劳动者"有社会主义觉悟"。我国劳动教育政策在不断满足政治、经济、社会需求中发展。1958年,中共中央、国务院发布的《关于教育工作的指示》指出党的教育工作方针是"教育为无产阶级的政治服务,教育与生产劳动相结合"。同年,陆定一在《教育必须与生产劳动相结合》一文中将坚持"教育与生产劳动相结合"与否看作区分教育领域资本主义和社会主义的表现。邓小平同志在中共中央书记处会议讨论教育工作时指出:"劳动也是教学,是政治思想课。学生参加劳动,一是必须,二要适当,三看可能。"1963年,《全日制中学暂行工作条例(草案)》强调中学应贯彻教育为无产阶级政治服务、教劳结合的方针,并专列一章阐述生产劳动。1963年,中央提出组织知识青年上山下乡,投身生产实践。1966年,《关于抓革命促生产的十条规定(草案)》提出让学校的老师以及学生到农村、工厂参加生产劳动和改造运动。劳动教育在教育方针中的地位得到巩固,大部分学校毕业生服从分配,下农村、进工厂,工作积极认真。知识青年通过上山下乡参加劳动,提升了思想觉悟、磨砺了意志品质。此时涌现出一批英雄人物和劳动楷模,如雷锋、王进喜等,为劳动教育树立了鲜活的标杆。

值得注意的是,这一时期的劳动教育在强调通过劳动进行思想改造的同时,显现出政治化的趋势,这与马克思主义所倡导的以现代科学知识为基石、以机器技术为工具的现代劳动观念产生了一定偏离。这种偏离暗示着劳动教育的发展出现了一定的不平衡。为了引导劳动教育回归其本质,国家在拨乱反正后毅然决然地对劳动和教育领域实施了深刻的改革。

拓展阅读

老一辈革命家参加十三陵水库劳动

20世纪50年代末,毛泽东、周恩来、刘少奇、朱德等老一辈党和国家领导人曾亲自领导并参加十三陵水库建设。十三陵水库最终用5个月时间建成,在当时堪称奇迹。

1958年5月25日,中共八届五中全会在北京召开。25日下午,毛泽东、周恩来、刘少奇、朱德及全体中央委员到十三陵水库工地参加义务劳动。

据当年的工作人员回忆,毛泽东率领全体中央委员到工地参加劳动这个消息最初是保密的。直到当天下午2点左右,才由指挥部宣传处处长宣布了这条消息。下午3点,工程指挥部院内开来6辆大轿车。当毛泽东下车后,突然有人喊:"毛主席万岁!"人们从四面八方很快围拢过来。随毛泽东下车的有周恩来、刘少奇、邓小平等。他们在工程负责人杨成武、赵凡、罗文坊等的导引下,首先来到指挥部一座普通的木板工棚里听取总工程师纪常伦介绍水库建设的工程方案及进度情况,观看十三陵水库模型沙盘。时值初夏,天气燥热,低矮的工棚挤进很多人,大家头上都冒了汗。毛泽东、周恩来坐在用木板钉的凳子上认真地听取汇报。工程指挥部宣传处负责人请示杨成武,想请毛泽东等中央领导同志题词。毛泽东欣然提笔,连写五六幅,并从中选择了最满意的一幅"十三陵水库"。刘少奇题词"劳动万岁";周恩来题词"鼓足干劲,力争上游,多快好省地建设社会主义";朱德题词"移山造海,众志成城"。

题词以后,毛泽东离开指挥部向大坝走去。这时民工、部队官兵等工程建设人员已拥了过来,很多人要上前和毛泽东等中央领导握手问候。毛泽东登上工地东北头的墩台,关切地问工程负责人:是不是能保证在洪水到来以前修成呢?听到回答说"一定能如期完工",毛泽东高兴地点头。走下高坡,毛泽东来到一座帐篷里,在一个土筐上坐下。工地干事王慧兰看到毛泽东满脸是汗,赶紧递过去一块凉毛巾。毛泽东边擦汗边问她多大了,叫什么名字。听她说叫王慧兰,毛泽东就问她是不是"九兰组"的。她说不是,毛泽东笑着说:你去就是"十兰组"了。

下午5点35分,风沙扑面,天气闷热,全体中央委员以普通劳动者的身份,参加水库大坝的劳动。毛泽东奋力挥锹,一锹一锹地把土装进筐里。刘少奇参加了砸夯,周恩来拉车运土,朱德挑担。70多岁的朱德已是第二次到十三陵水库工地。1958年春节期间,朱德曾到工地视察,勉励大家说:"这么大的工程,你们要努力!努力!再努力!"

据当年5月26日的《人民日报》报道,来水库工地参加劳动的还有董必武、彭德怀、贺龙、李先念、乌兰夫、薄一波、吴玉章、徐特立、谢觉哉等。

党和国家领导人参加水库工地劳动,极大地鼓舞了十万建设大军,当日上坝土方量达到5.1万立方米,创下施工以来的日最高纪录。

(资料来源:人民网,2013年8月2日,有改动。)

三、劳动教育现代化初建时期(1978—1992年)

1978年,改革开放的浪潮席卷而来,开启了全新的时代篇章。在这一历史性的转折点上,劳动教育的改革被赋予了前所未有的重要性。此时的教育方针不仅与经济建设的宏大背景紧密相连,更服务于国家全方位的改革与建设,与国民经济的蓬勃发展完美契合。为了进一步夯实教育的基础,明确其性质和方向,国家通过宪法为教育改革提供了有力的法律支撑和明确的指引,确保每一步改革都稳健而有力。

1978年,邓小平同志在《在全国教育工作会议上的讲话》中指出:"现代经济和技术的迅速发展,要求教育质量和教育效率的迅速提高,要求我们在教育与生产劳动结合的内容上、方法上不断有新的发展。"劳动教育政策主要在脑体力劳动关系等方面做出调整。第一，重视脑力劳动。1981年，《关于建国以来党的若干历史问题的决议》提出"坚持德智体全面发展、又红又专、知识分子与工人农民相结合、脑力劳动与体力劳动相结合的教育方针"。第二，在中小学设置劳动课。1981年的《全日制五年制小学教学计划（修订草案）》《全日制五年制中学教学计划（试行草案）的修订意见》，以及1985年的《中共中央关于教育体制改革的决定》规定，在学校设置劳动课，要造就数以亿计的工业、农业、商业等各行各业有文化、懂技术、业务熟练的劳动者。1987年，《全日制普通中学劳动技术课教学大纲（试行）》提出了开展劳动技术课的具体要求。1987年，《"七五"期间全国教育科学规划要点》出台，首次把劳育从德育中独立出来与德智体美并列，劳动教育在人才培养中的重要性日渐凸显。第三，劳动教育成为德育的内容和途径，表现为在德育政策中提出劳动教育内容，拉开了劳动教育现代化转型的序幕，推动了劳动教育逐渐走向制度化和规范化。如在《关于小学开设思想品德课的通知》（1981年）、《关于进一步加强中小学德育工作的几点意见》（1990年）中有相关要求。第四，继续加强勤工俭学。如在《全国中小学勤工俭学暂行工作条例》（1983年）、《关于进一步发展中小学勤工俭学若干问题的意见的通知》（1989年）中有相关要求。

　　这一时期，国家全面改革劳动教育异化时期的失衡，肃清劳动教育中的不成熟、不合理因素，推动劳动教育为新时期现代化建设服务，结合国情将现代化教育落到实处，在大政方针上进一步规定了劳动教育要适应现代化发展。所以在这一时期，劳动教育从关注体力劳动转向兼顾脑体力劳动。劳动思想道德教育和技术教育成为劳动教育的主要内容。一方面，在思想品德教育中明确提出了劳动教育的内容，劳动育德的范围有所扩展，从满足国家政治需求转向关注人本身的发展；另一方面，加强劳动技术教育体现了时代发展对技术型人才的需求。

拓展阅读

从农民工到技能大师
——记中国中铁高级技师巨晓林

　　他，身高只有1.62米，却被工友们称为"小巨人"。

　　他，只有高中学历，主编的《接触网施工经验和方法》却成为铁路一线接触网工的教科书。

　　从普通的农民工，一步步成长为技术能手、高级技师、国家级技能大师、全国劳动模范。他就是巨晓林，中铁电气化局集团一公司接触网工人。

　　自学——230万字笔记记下成才之路

　　有人说，学习这件事不在于有没有人教你，最重要的是你自己有没有觉悟和恒心。

　　巨晓林是这句话的践行者。

　　1987年，24岁的巨晓林被招录为中铁电气化局一处三段的农民合同工。面对集铁路电力、电务、工务等多种专业技术于一体的电气化铁路施工技术，他没有退缩。白天在施工中跟着师傅学，晚上放下饭碗又攥着师傅问这问那。

　　巨晓林回忆当年，营地熄灯后，自己悄悄地打着手电筒把学到的知识记在笔记本上。

《钣金工艺》《机械制图》《电机学》《电力铁道供电》《接触网》等30多部专业书籍堆满了他的床头。工地转移到哪儿，这些书就带到哪儿。

面对朋友和工友的不解，他说："农民工也要懂技术，技术好我们就不会被淘汰。"

至今，巨晓林已经写下70本230万字的施工笔记。他熟练掌握了工程测量、机械制图、接触网软横跨的计算，能够解决接触网施工中的复杂问题。他编写的《接触网施工经验和方法》一书，详尽介绍了几十种接触网施工创新办法，成为施工人员眼中的"宝典"。

巧干——创新迎来可观经济效益

在中国中铁关于巨晓林的介绍中，数字记录着一个"创新"的头脑为企业带来的活力：28年间，他总计研发和革新工艺工法98项，创造经济效益900多万元……

28年间，他先后参加了北同蒲线、大秦线、鹰厦线、京郑线、哈大线、侯月线、渝怀线、迁曹线、京沪高铁、京福客专等十几项国家重点工程建设。一点点小发明，一个个小创新，不断为企业创造巨大价值。

2010年，作为高技能人才，巨晓林被选调到举世瞩目的京沪高铁参加施工技术攻关。他知道，时速350公里的高铁施工对施工作业的要求异常精确和严格。

"每天不管啥时候，都在琢磨工艺改进。"巨晓林说。看到接触网支柱运输时，炮车平衡不好掌握，容易导致支柱一端触地磨损镀锌层，巨晓林与团队一起研制出"炮车运支柱防磨镀锌法"。

接触网支柱安装整正时，需要对立好的支柱进行多次调整才能保证支柱的垂直度，满足技术标准。但这费时费力，严重制约工程进度。巨晓林带领课题小组经过20多天的现场试验，发明了"下部基础螺母模拟精调法"，解决了这一难题。课题组的《提高京沪高铁数据测量一次合格率》科研课题，获得全国工程建设QC成果一等奖。

朴实——名满中铁初心依旧

在中国中铁，巨晓林的名字家喻户晓。成名后的巨晓林，在大家眼中，仍是那位朴实的农民工师傅。

2015年3月16日，全国两会刚刚闭幕，作为全国人大代表的巨晓林乘坐火车硬座回到合福高铁的工地。第二天当穿着工装的巨晓林出现在施工现场时，队长问他为什么不休息几天。巨晓林说："班组的兄弟们都在忙活，我哪好意思啊！"

在合福高铁施工工地，巨晓林一如既往地认真思考每道工序，每天奔走在现场，和团队成员一起进行改进试验。接触网基础预留螺栓防锈涂抹的黄油容易沾染灰尘，不好清除，团队发明了"巧除油垢法"，可以随手就地取材，简单清理干净。

只要有时间，他就开办"晓林业校"，随时对青工进行安全技术培训，做好"传帮带"的工作。据统计，他带出的徒弟散布在20多个项目部，有21人成长为工长，7人成长为工程队长，3人成长为项目总工或项目经理，6人成长为"能工巧匠"……他们在师傅精神的感召下，奋战在我国电气化铁路事业上。

（资料来源：新华网，2015年11月8日，有改动。）

四、劳动教育转型发展时期(1993—2000年)

1993年11月,中国共产党十四届三中全会举行,社会的现代化建设步伐加快,劳动教育迎来了由学科化向综合实践化发展的过渡时期。1993年,《中国教育改革和发展纲要》(以下简称《纲要》)指出,当前的教育工作任务是要进一步提高劳动者素质,推动形式上和技能上的劳动教育。《纲要》拉开了劳动教育现代化转型的序幕,推动劳动教育逐渐走向制度化和规范化。江泽民同志多次在全国工作会议上强调要大力贯彻落实党的教育方针,推动了劳动教育的转型发展。1995年的《中华人民共和国教育法》和1998年的《中华人民共和国高等教育法》正式提出要培养"德、智、体等方面全面发展的社会主义事业的建设者和接班人"。

经过十多年的改革开放的纵深发展,社会劳动力水平得到提升,社会对于技术型人才的需求也大幅攀升,这对人才的劳动素质提出了更高要求。1997年,党的十五大报告高度重视学生综合素质的提升,学生的个人素质和全面发展成为教育关注的重点。1998年,教育部下发《关于加强普通中学劳动技术教育管理的若干意见》,指出劳动教育在素质教育中的重要地位,并将劳动教育纳入素质教育的范畴,把劳动教育视为学生全面发展的重要组成部分。1999年6月,江泽民同志在全国教育工作会议上指出,必须全面贯彻党的教育方针,坚持教育为社会主义、为人民服务,坚持教育与社会实践相结合,以提高国民素质为根本宗旨,以培养学生的创新精神和实践能力为重点,努力造就"有理想、有道德、有文化、有纪律"的德育、智育、体育、美育等全面发展的社会主义事业建设者和接班人。同年发布的《中共中央 国务院关于深化教育改革全面推进素质教育的决定》强调要加强"劳动技术教育和社会实践",使学生接触自然、了解社会,培养学生热爱劳动的习惯和艰苦奋斗的精神,强调使诸方面教育相互渗透、协调发展,促进学生的全面发展和健康成长,"教育与生产劳动和社会实践相结合"成为新时期的教育方针。

这一阶段劳动教育的发展处于重大转型阶段,综合实践化、人本化和素质教育化是该阶段的重点和目标。劳动教育由此有了更全面的内涵和意义,这为21世纪全面建成小康社会中劳动教育的发展奠定了思想理论根基与初步探索经验。

五、劳动教育整合发展时期(2001—2011年)

进入21世纪以后,国家以全面推进素质教育为宗旨,推动劳动教育进一步制度化和规范化。2001年,《国务院关于基础教育改革与发展的决定》(以下简称《决定》)发布,赋予了劳动教育更加丰富的内涵与要求,推动了劳动教育迈入整合发展的时代。

首先,推行综合实践活动课程,实现课程形式整合发展。整合发展是这一时期劳动教育最显著的特征。2000年,教育部印发的《全日制普通高级中学课程计划(试验修订稿)》将劳动技能作为学生综合素质的重要组成部分,把"劳动技术教育"列为高中国家必修课程"综合实践活动课程"的一部分,课程目标是"主要对学生进行劳动观念和一般劳动技术能力的教育,进行现代职业意识、职业技能的培养和就业选择的指导"。2001年,《决定》把"教育与生产劳动相结合"扩展为"教育与生产劳动和社会实践相结合"。劳动教育被纳入综合实践活动中,成为和研究性学习、社区服务与社会实践、信息技术并列的综合实践活动四大领域之一。综合实践活动的综合性有助于促进劳动教育不同组成部分以及劳动教育与其他3个组成部分的整合，其实践性可以避免劳动教育停留于课堂教学而忽视劳动体验和操作，其生成性则增强了学生在劳动教育过程中的主动性和参与性。综合实践活动在实践中形成了学科拓展式、主题活动式、区域推进式等多种课程开发与实施的模式。作为其组成部分之一的劳动教育的开展方式也随之增多，有助于增强学生对劳动教育的兴趣，提升劳动教育的实施效果。2001年《基础教育课程改革纲要（试行）》要求学校开展综合实践活动课。同时，劳动教育加强了对劳动态度、观念等价值目标的重视。《决定》重申"教育与生产劳动与社会实践相结合"，赋予了劳动教育更加丰富的内涵与要求。由此，劳动教育由单独设科正式转向综合实践活动课程这一多元的实施方式。

其次，"教育为人民服务"，落实课程价值整合。劳动教育以培养个人意识与能力为落脚点，以人为本，重视劳动价值和主体意识。2007年，《国家教育事业发展"十一五"规划纲要》指出，通过组织学生参加各种生产劳动及公益活动，引导学生尊重及热爱劳动。在2010年的全国教育工作会议上，劳动教育再一次上升到中央的工作要求，胡锦涛同志在讲话中强调，"要全面贯彻党的教育方针，坚持教育为社会主义现代化建设服务，为人民服务，与生产劳动和社会实践相结合，培养德智体美全面发展的社会主义建设者和接班人""要促进学生全面发展，优化知识结构，丰富社会实践，加强劳动教育，着力提高学习能力、实践能力、创新能力，提高综合素质，加快改变学生创新能力培养不足状况"。劳动教育被定位为实现学生全面发展目标和解决学生创新能力培养不足问题的基本途径。同年，教育部颁发了《关于组织开展劳模进校园活动的通知》，要求"引导广大青少年学生学习领会爱岗敬业、争创一流，艰苦奋斗、勇于创新，淡泊名利、甘于奉献的伟大劳模精神，激励他们崇尚先进、学习先进、争当先进，努力成长成才，在全面建设小康社会的征途中为祖国、为人民、为民族作出应有的贡献"。

最后，注重劳动情感教育，充实课程精神世界。"加强劳动教育，培养学生热爱劳动、热爱劳动人民的情感"为劳动教育注入了新内涵。"劳动技术教育是现代社会人文精神与技术理性相融合的现代教育形式，是促进学生未来发展的先进文化。"劳动教育不再只是技能和习惯的培养，更有思想品德和精神世界的塑造，劳动教育的内涵越来越全面，人格的培养机制也越来越健全。进入21世纪，社会对知识和人才的尊重日益提升。综合实践活动课程的引入，使得劳动教育形式更加多元化，极大地丰富了教育的内容和方式。在以人为本的课程理念下，课程的内在人文性价值得以凸显，学生的全面发展受到更大的重视。同时，劳动情感教育将劳动与情感相融合，致力于塑造学生的精神世界，让他们在劳动获得正向的情感体验，树立正确的价值观。大力推进学生独立自主参与社会综合性实践，不仅有助于培养学生的独立意识，更能让他们深刻体会到劳动创造的乐趣与重要性。通过亲身参与，学生将更加珍惜劳动成果，懂得感恩与回报，从而成为有担当、有责任感的社会公民。

在这一时期，劳动教育与社会实践的结合变得更为紧密，焦点从单纯关注生产劳动逐渐转移到更加多元化的实践活动上。同时，劳动育德的理念得到进一步拓展，不仅关注学生的劳动技能培养，更重视塑造学生正确的劳动态度和观念。但遗憾的是，"重智轻劳"的现象仍然普遍存在，这使得劳动教育被降格为综合实践活动的一个环节，其核心地位在一定程度上被削弱。

新时代劳动教育

六、新时代劳动教育发展时期（2012年至今）

2012年党的十八大后，在我国综合素质评价稳步推进以及立德树人教育体系逐步完善的大背景下，将"劳"纳入教育方针被提上了工作日程。

首先，坚持价值引领，确立新时代思想方向。2013年，《教育部关于推进中小学教育质量综合评价改革的意见》提出中小学教育质量综合评价指标框架（试行），其中，行为习惯的指标考查点包括热爱劳动。2014年，《国务院关于深化考试招生制度改革的实施意见》提出建立规范的学生综合素质档案，记录学生的道德、社会实践等内容；劳动与技术教育作为社会实践的部分，成为升学依据。2015年7月，教育部等相继发布有关劳动教育的重要意见，指出劳动教育在贯彻党的教育方针要求、实施素质教育和培育践行社会主义核心价值观方面具有难以估量的重要作用，对价值观塑造具有重大战略意义。

其次，加强法律建设，明确新时代制度规范。2013年《中共中央关于全面深化改革若干重大问题的决定》提及要坚持立德树人，形成爱学习、爱劳动、爱祖国活动的有效形式和长效机制。2015年12月，《全国人民代表大会常务委员会关于修改〈中华人民共和国教育法〉的决定》明确提出，教育必须为社会主义现代化建设服务、为人民服务，必须与生产劳动和社会实践相结合，用法律的形式再次强调了"教劳结合"。2016年，《中国学生发展核心素养》在"社会参与"维度的"实践创新"子维度下列出"劳动意识"。2019年，《中国教育现代化2035》提出要弘扬劳动精神。劳模精神被列入中国共产党人精神谱系，成为伟大精神之一。习近平总书记多次指出"全社会都应该尊敬劳动模范，弘扬劳模精神""劳模精神、劳动精神、工匠精神是以爱国主义为核心的民族精神和以改革创新为核心的时代精神的生动体现，是鼓舞全党全国各族人民风雨无阻、勇敢前进的强大精神动力"。党的二十大报告指出，要"在全社会弘扬劳动精神、奋斗精神、奉献精神、创造精神、勤俭节约精神，培育时代新风新貌"。

最后，建立长效机制，永葆新时代劳动教育生机与活力。中华人民共和国成立以来，劳动教育缺乏健全机制，有关政策的推行多服务于社会建设，缺乏自身的独立性和连续性，综合实践活动课程也多停留在课程表上。建立劳动教育长效机制，就是要推进教劳实质性结合，落实劳动与教育的内在融合，引发劳动价值自主体验、劳动意识自主萌发，将劳动教育落到实处。2018年，习近平总书记在全国教育大会上提出，"坚持马克思主义指导地位，坚持中国特色社会主义教育发展道路……培养德智体美劳全面发展的社会主义建设者和接班人"，开创了"五育并举"新局面，并突出强调劳动教育。新时代以来，劳动教育开始加速发展，关于劳动教育的落实机制也更加健全，劳动教育更加趋向价值观的引领和多学科资源的相互整合，开放性、包容性的方式方法不断涌现，健全的新时代劳动教育实践体系正在构建。

新中国的劳动教育变迁留下了前人探索与实践的坚实脚印，我们要积极总结劳动教育发展演变中的经验与教训，认真吸纳各类新创意的思想营养，以丰富和完善劳动教育格局，推动新时代的劳动教育体制不断与时俱进。我们要把提高社会文明程度作为建设社会主义文化强国的重大任务，努力推动形成适应新时代要求的思想观念、精神面貌、文明风尚、行为规范。长期以来,在党的领导下,全社会奏响"光荣属于劳动者,幸福属于劳动者"的强音,培育形成了崇尚劳动、热爱劳动、辛勤劳动、诚实劳动的劳动精神。这是我们的国家、我们的民族风雨无阻、勇敢前进的强大精神动力。奋进强国建设、民族复兴的新征程,在全社会弘扬劳动精神的意义重大而深远。

劳动是中国精神的生动载体,劳动教育一直以来伴随着人类的发展和智慧的积累,在历经了漫长岁月之后得以形成今日的面貌。新时代标示新方位,新时代造就新精神。新时代是奋进的时代,也是展现中国精神的时代。幸福不会从天降,美好生活靠劳动创造。在新冠疫情防控阻击战中,一线医务人员、环卫工人、快递小哥、货车司机、车间工人、科研工作者等各行各业劳动群众在各自岗位上加班加点、默默付出,生动诠释了伟大的中国精神、中国情怀、中国意志。经济社会秩序得以全面恢复,依靠的是广大劳动者的辛勤劳动、诚实劳动和创造性劳动。

这一时期,习近平总书记正式确立党关于"五育并举"的教育方针,劳动教育的地位被大大加强。同时,把劳动教育纳入综合素质评价,将劳动意识、劳动精神等价值目标列入核心素养及相关教育规划文件,体现出新时代加强劳动教育,特别是加强劳动思想教育的重要性。但鉴于社会好逸恶劳、不劳而获等不良风气蔓延,加强劳动教育的任务艰巨而紧迫。未来,劳动教育将继续成为教育的重点,在引导学生发展个人能力和素质的同时,还将以传承技艺和促进劳动技术进步等多种方式,助推未来教育的改革和实践。

拓展阅读

洪家光:以心"铸心"的大国工匠

身着深蓝色的整洁工装,犀利的目光紧盯着旋转的零件,一双大手飞快旋转着车床摇把,进刀、车削、退刀一气呵成。他就是在中国航发沈阳黎明航空发动机有限责任公司从事航空发动机工装制造的高级技师洪家光。

在车工岗位上工作20多年来,洪家光从一个"毛头小子"成长为一名掌握精湛加工工装工具技能的高级技师、能独立撰写车工技能操作法的优秀模范。

发动机是飞机的心脏,航空发动机被誉为现代工业"皇冠上的明珠",是衡量一个国家综合国力的重要标志之一。洪家光团队加工的是用于航空发动机制造的工装工具产品,这些工具主要用于加工航空发动机的零部件。发动机用的零件精度要求非常高,洪家光对每一个微小尺寸都追求精益求精。他一次次观察记录,并比对调整。

一次,在加工修正金刚石滚轮工具时,掌握此项技术的师傅生病住院,洪家光主动承担起任务。为了提高工具加工精度,他在当时的车床无法满足加工要求的情况下,开始一项项改进,减小托盘与操作台的间隙,改造传动机构中齿轮间咬合的紧密程度。原有的刀台抗震性不强,他就重做刀台;小托盘与下面的托盘有间隙,他就想办法将小托盘固定……

4年多里,经无数次尝试,洪家光最终研发出一套用于打磨叶片砂轮的滚轮工具。这一滚轮工具被叶片加工厂使用后,加工叶片的质量得到明显提升。

洪家光心中"大国工匠梦"的背后,是"航发人"代代传承的家国情怀——"国为重、家为轻,择一事、终一生"。

从1998年参加工作至今,洪家光先后跟随多位师傅,他们教导的工匠精神,深深地印刻在洪家光心中。跟着付百森师傅学习的经历让他记忆犹新。

"年轻人都愿意跟老师傅学,眼前这个师傅这么年轻,技术经验能丰富吗?"洪家光刚见到付师傅时有点失落。付师傅却让洪家光在旁边看。

只见付师傅把零件安装、调整、夹紧,左手启动机床,右手快速移动机床拖板。紧接着,他的双手就操纵着机床上的手柄,加工零件。麻利的动作,像电脑控制的机械手。

付师傅加工完说:"小洪,你测量一下各部分尺寸精度,再按照这个标准加工零件。"洪家光测量后发现公差微乎其微。他心想,这水平太高了,这可是纯手工!

到洪家光加工时,他满头大汗地忙活了十几分钟,发现自己的水平与实际要求差距很大。

付师傅语重心长地说:"光有技校学的知识是不够的,机械加工的实际技术深奥着呢,雄心壮志代替不了真才实学。当高水平的工人,不是你想象得那么容易,你得从一点一滴做起。"

那一刻,洪家光决心从头学,一切从零开始。

如今,43岁的洪家光先后完成了200多项工装工具技术革新,解决了300多个工装工具技术难题。他与团队成员研制的"航空发动机叶片滚轮精密磨削技术"荣获2017年度国家科学技术进步二等奖。以他名字命名的"洪家光劳模创新工作室"和"洪家光技能大师工作站"承担起了"传帮带、提技能"的职责。他带领工作室团队申报并获得31项国家专利授权,完成创新和攻关项目84项,成果转化63项,解决临时难题65项。

他还积极参加企业组织的各类活动和社会实践,展现出"航发人"为"动力强军,科技报国"而奋斗的使命。

(资料来源:中国青年网,2022年9月29日,有改动。)

思考与练习题

1. 中国传统劳动教育是如何形成的?
2. 中国劳动教育的发展进程分为哪几个阶段?
3. 结合现实生活,说一说新时代劳动教育的使命。

第三章 劳动观

> **学习目标**
>
> 1. 了解马克思主义劳动观。
> 2. 了解中国传统劳动观的形成过程。
> 3. 掌握新时代劳动教育与青年成长的关系。

第一节 马克思主义劳动观

马克思主义劳动幸福观

劳动是人类文明最基础的实践活动,也是人类产生与进步的关键标志,是人类的本质活动。马克思用唯物主义的立场、观点和方法对人类社会进行考察,这是马克思主义劳动观得以形成的基础。劳动概念贯穿马克思主义理论体系的始终,在起着基础性作用的同时也有着重要的理论地位。马克思主义劳动观是建立在前人研究的基础上,并且在马克思的理论探索和实践中不断发展起来的。马克思主义劳动观从社会现实和人类社会变化发展规律出发,揭示了人类社会发展、人的生存状况与生产关系的重要联系,揭示了基本社会结构、社会各个阶层与社会进步的运动发展之间的一般规律。

一、马克思主义劳动观的基本观点

自然是人类与人类社会产生、存在和发展的先决条件,人类产生于自然并与自然共同发展。换言之,没有自然,人类就不能产生,更谈不上生存和发展。人类社会同样与自然紧密相连,人类社会的发展规律受整个物质世界的运动规律所制约和支配。当然,人类并非自然的产物,而是劳动的产物——人类并非靠本能被动地适应自然,而是自觉能动地改造自然;人类社会发展的最终决定力量不是精神、意志、神灵,而是人类改造自然、满足自身生存与发展需要的生产力,是人的劳动实践。马克思主义劳动观涉及自然、人类、人类社会等众多范畴,内容十分丰富,这里主要介绍3个基本观点。

（一）劳动创造了人类生存必需的全部物质条件和精神条件

马克思曾指出:"任何一个民族,如果停止了劳动,不用说一年,就是几个星期,也要灭亡。"随着大脑和其他感觉器官的形成,人类不仅能获得对周围环境的更加丰富的感性印象,而且能够借助语言把这些感性印象概括并巩固下来,从而使人类意识特有的抽象思维能力形成和发展起来。能够借助语言进行抽象思维的人,已经是"完全形成的人"。

(二)劳动是人类全部社会关系形成和发展的基础

劳动是人类与自然之间的物质交换过程,但劳动不是孤立的个人行为,而是相互协作的群体活动。人类在劳动过程中,一方面同自然产生联系,另一方面又结成了人们之间的生产关系。"各个人借以进行生产的社会关系,即社会生产关系,是随着物质生产资料、生产力的变化和发展而变化和改变的。生产关系总合起来就构成所谓社会关系,构成所谓社会,并且是构成一个处于一定历史发展阶段上的社会,具有独特的特征的社会。"在马克思看来,社会并不是凭空出现的,也并不是一开始就存在的。它是从自然中分离出来且独立于自然的一个系统。可见,自然与社会并不完全对立。值得思考的是,到底是什么因素促成了这种转化?答案是劳动。社会存在和发展的前提是自然与社会的对立统一,自然与社会的对立统一得以实现的中介和基础是物质生产劳动。只有认识到劳动是人类从事其他一切活动的首要前提,才能找到理解人类社会史的锁钥,从而理解马克思所说的"整个所谓世界历史不外是人通过人的劳动而诞生的过程"。从本质和起源来看,社会是人类劳动的产物。劳动创造了一个个有生命的人,正是这些个体构成了整个社会存在的基础。人类为了创造历史,必须能够生活,必须进行物质生产,必须结成一定的经济关系,进而结成政治关系、思想文化关系等社会关系。由于人类的主体能力不断提高,活动范围不断扩大,活动程度不断加深,更由于人类的生存与发展需要创造越来越多的社会财富,因此劳动是需要反复进行和发展深化的。正是以物质生产为基本活动的社会实践反复进行,以及由于劳动的需要而产生越来越复杂的社会分工,复杂而完善的社会关系才必然被创造出来。

(三)劳动是促进社会历史发展的根本推动力量

社会发展的最终决定力量不是精神、意志、神灵,而是人类的劳动。劳动内在地包含双重关系,分别是人与自然的关系以及人与人的关系,前者表现为生产力,后者表现为生产关系。生产力是在生产过程中形成的人类改造和利用自然、获取物质生活资料的能力。生产力的构成十分复杂,其基本要素是劳动资料、劳动对象和劳动者。生产关系是指人们在生产过程中发生的不以人的意志为转移的,在社会生产、交换、分配、消费的总过程中建立起来的经济关系。生产力决定生产关系,生产力对生产关系的决定作用表现在两个方面:一是生产力决定生产关系的性质和形式,有什么样的生产力,就会建立起什么样的生产关系;二是生产力的发展要求决定生产关系的变革。生产关系反作用于生产力。生产关系对生产力的反作用有两种基本情况:当生产关系基本适合生产力状况时,就能推动生产力的发展;当生产关系不适合生产力状况时,就会阻碍生产力的发展。综上,劳动这个人类最初、最基本的社会实践形式,从一开始就孕育着社会有机体未来发展的一切萌芽,预示着社会物质生活和精神生活从低级向高级发展。

社会是由个体构成的,个体的进步发展构成了整个社会的进步发展。人民群众作为历史唯物主义的重要范畴,是指推动历史发展的绝大多数社会成员的总和;人民群众也是一个历史范畴,是指一切对社会历史起推动作用的人们。可见,劳动发展规律、社会历史规律与人民群众的历史作用紧密相连。社会历史就其整体而言,是一定的物质生产方式的演进过程,是人类群体实践活动的产物,是人们追求自身自觉预期的目的来创造历史的过程。人类不仅凭借劳动满足最基本的生存需要,实现社会财富的创造和积累,而且最终要通过劳动来实现人之为人的自由本质。劳动创造了人的物质生活,也充实着人的精神世界,这恰恰是生产发展、技术进步、主体力量得到发挥、生产方式不断变革的过程。人民群众的利益诉求是历史发展的动因。离开人民群众,就不存在社会历史的进步与发展。人民群众是社会变革的决定性力量,他们在社会生产的实践过程中除了创造大量物质与精神财富,还不断构建新的生产关系。一切旧的生产关系和上层建筑变成束缚生产力发展的力量,人民群众与剥削阶级之间的矛盾必然尖锐化,其结果必然是社会革命时代的到来。人民群众是社会革命的主力军,历史上一切真正的革命运动,实际上都是人民群众摧毁旧制度的斗争。只有这种群众性的社会革命,才能推动社会形态由低级向高级发展。

二、马克思主义劳动观的地位

马克思主义劳动观是马克思主义理论体系的重要组成部分,对于马克思主义理论体系的产生、完善和发展都具有重要的意义。

(一)马克思主义劳动观是马克思主义的重要内容

劳动在马克思主义哲学体系中占据极其重要的地位,是马克思主义理论体系的起始范畴和核心范畴。马克思站在劳动人民的立场上批判了亚里士多德的劳动概念,继承了黑格尔劳动概念中的合理成分,并对黑格尔唯心主义的劳动观进行了改造。马克思主义劳动观第一次全面阐述了劳动在人类社会发展史上的决定性作用,由此揭示了人类社会发展的一般规律。马克思主义劳动观不仅是历史唯物主义得以创建的重要理论基础,而且是马克思主义政治经济学和科学社会主义创立与发展的重要理论基础,是推动社会主义由空想变为科学的关键。可以说,马克思主义劳动观的诞生,是人类劳动学说史上的一座里程碑。

(二)马克思主义劳动观是历史唯物主义的核心

历史唯物主义的提出离不开马克思对劳动问题的关注。马克思并不是把人类社会历史发展的丰富内容塞进一个固定不变的历史图式并描绘出来,而是把以往形形色色的唯心主义、形而上学和循环论从这个领域里驱逐出去,从而为研究人类社会历史提供科学的方法论。历史唯物主义充分认识到了人在社会历史发展中的主观能动性,揭示了人类社会历史发展的客观规律。劳动是满足人类生活所需物质资料的基本手段,人类社会以此为基础而存在和发展,因此,对劳动作出科学的界定是唯物史观的重要内容。

马克思对劳动的研究验证,推动了历史唯物主义的产生和发展。首先,异化劳动理论为历史唯物主义的创立奠定了理论基础。一是揭示资本主义化劳动,为历史唯物主义的创立奠定了基础。二是对生产力和生产关系、经济基础和上层建筑进行分析,初步形成历史唯物主义的主要内容。三是对资本主义劳动、地租和资本三者之间的关系进行分析,论述了社会运动和发展的规律。其次,马克思主义劳动观的完善,从特殊的历史角度验证了历史唯物主义。最后,劳动价值论验证和丰富了历史唯物主义的基本内容。劳动价值论是在历史唯物主义的指导下创立的,同样,劳动价值论的发展也验证、丰富和发展了历史唯物主义。

(三)马克思主义劳动观是科学社会主义理论的归宿

马克思运用唯物辩证法揭示了人类社会的发展规律,并在继承和发展空想社会主义理论的基础上,提出了科学社会主义理论。马克思主义劳动观对剩余价值学说和劳动价值理论的解释和阐述,为科学社会主义理论提供了理论依据。如果说唯物史观主要揭示了人类社会历史发展规律,政治经济学侧重于对资本主义和社会主义客观经济规律的认识,那么科学社会主义则在唯物史观和政治经济学揭示的客观规律的基础上,对未来社会的发展趋势和人的发展规律作出了科学的预示。劳动的发展实现了人类发展与社会发展的统一,从而揭示了现实的社会主义运动不仅是社会发展史,而且是人类发展史,更是劳动发展史、劳动解放史,劳动理论因此成为一个完整、系统的劳动解放学说。

在完整、系统的劳动理论基础上,马克思不仅为我们展示了一幅幅生动逼真的历史画卷,而且指明了未来社会的发展方向;不仅再现了不同历史阶段人的发展状况,而且合乎逻辑且历史地勾勒了令人神往的人自由而全面发展的状况。马克思指出,生产资料公有制随着社会的发展,将会被认为是符合社会生产力发展的生产方式。由于生产资料的公有化,人在社会生产中成为独立的劳动者,并按照自己的劳动付出获得生活消费资料,人的劳动将会是自由、自觉的,不再受到强迫。

三、马克思主义劳动观的当代价值和启示

马克思通过深入研究,运用劳动这把理解全部社会史的锁钥认识历史、认识人类、认识世界,从而揭示了人类社会发展的一般规律,指明了人类前进的基本方向。因此,马克思主义劳动观的诞生,不仅在人类劳动学说史上具有重要的理论价值和历史地位,而且对新时代坚持和发展中国特色社会主义、实现中华民族伟大复兴具有十分重要的意义。

(一)始终坚持人民立场

在马克思主义劳动观的当代价值体现过程中,人民立场属于较为关键的内容之一,它回答了劳动"为了谁"的基础问题。同时,人民立场是中国共产党的根本政治立场,是马克思主义政党区别于其他政党的显著标志。中国共产党能够在长期发展过程中从一个胜利走向另一个胜利的法宝,便是人民立场。因此,劳动观念也需要基于人民立场,进一步体现群众对美好生活的向往,有效回答"为了谁"的问题,实现发展目标。在劳动过程中,我们不仅需要明确人民主体的重要性,同时还应当拓展相关形式,围绕人民是历史的创造者这个概念进行价值分析。因此,在马克思主义劳动观当代价值体现的分析过程中,我们需要基于人民立场进行深入研究,明确其重要性与根本性,为社会的进一步发展奠定坚实基础。

(二)构建和谐劳动关系

劳动是社会主义核心价值观的重要体现。我们应当结合国家层面的劳动状况设定对

应的目标，同时也需要按照社会层面的基础需求，明确相关劳动态度。在国家层面，为了实现中华民族伟大复兴，我们应当以社会主义核心价值观为指引。同时，劳动本身的价值与知识形式具有较为深刻的联系，实现中华民族伟大复兴离不开劳动，因此，国家需要进一步落实相关政策，将劳动主旨与民主内容相互融合，加大相关法律法规的执行力度。每个个体都是民主的创造者、享受者，既可以主张自身的权利，也可以决定其他权利的实施形式。在这种条件的影响下，劳动能够有效激发物质文明与精神文明的积极作用，推动历史不断前进，书写民族的文明历史。

在社会发展的过程中，劳动能够创设对应的文化环境，使个体得到潜移默化的影响，进一步推动社会发展，实现建设目标。然而，在资本主义的社会框架下，劳动被异化，导致劳动者主体自由性丧失，无法实现自觉劳动。在马克思主义劳动观的指导下，劳动关系能够实现良好的改造，使未来社会进一步向自由化发展。劳动者能够实现多劳多得，进而促进社会公平，为社会的相关建设活动提供良好的环境基础。

（三）大力弘扬劳动精神

在个人层面上，弘扬劳动精神应当基于劳动本身对核心价值的体现形式。当代背景下，马克思主义劳动观需要以劳动精神为基础强化劳动模范的形象，为群众树立对应的学习目标。马克思劳动观能够推动个人的劳动转向自由、自觉，使个人对劳动的情感态度得到升华。因此，马克思主义劳动观能够促进当代劳动者进一步发扬爱国主义精神，为社会提供良好的服务，实现中华民族伟大复兴，为社会发展提供重要的方向指引。恩格斯认为："生产劳动给每一个人提供全面发展和表现自己的全部能力即体能和智能的机会，这样，生产劳动就不再是奴役人的手段，而成了解放人的手段，因此，生产劳动就从一种负担变成一种快乐。"

第二节　中国劳动观

一、劳动精神认同

"不惰者，众善之师也。"崇尚劳动光荣是社会主义的本质特征之一，劳动至上是历史唯物主义的基本观点。劳动精神是人类文明存续的关键，"勤俭、奋斗、创新、奉献"的劳动精神要义，蕴含丰富而深刻的意蕴。中华民族是勤于劳动、善于创造的民族，在数千年的生产生活实践中创造出丰富的劳动成果，形成了传统劳动价值观。传统劳动价值观作为铭刻在中华民族血脉中的文化基因，引领中华民族奋力拼搏，实现一个又一个令世界瞩目的成就，已成为中华民族的精神认同。

列宁认为，没有年轻一代的教育和生产的结合，未来社会的理想是不能想象的。劳动精神中包含的劳动认知、劳动情感和劳动理念需要附着于思想政治教育这一活动才可得以传承。劳动精神融入高校思想政治教育本质上是个体自身在劳动生产实践中谋求物质和精神相互平衡的过程。我们可以利用在劳动实践中获得的感性知识，进一步加深对所学知识的理解，拓宽自己的视野，培养自己的创新意识，激发自己的学习热情、创新精神和创新能力，提升自身在具体情境中创造性地分析问题、解决问题的能力。

劳动精神认同通过劳动文化熏陶与理论学习，形成一种"非附加"的文化影响，广大学生可以养成劳动的习惯，形成以劳动为荣、以懒惰为耻的品质，抵制好逸恶劳、贪图享受、不劳而获、奢侈浪费等恶习的影响。此外，在日常的学习实践中体悟发现劳动美、捕捉劳动美与创造劳动美，这可助力他们正确看待人们为追求美好生活所付出的辛勤劳动与诚实劳动，最终实现个体的全面发展。

党的十八大以来，习近平总书记礼赞劳动创造、讴歌劳动精神，提出"劳动是人类的本质活动"，强调"劳动是推动人类社会进步的根本力量"，指出"普通劳动者也可以在宽广舞台上展示自己的人生价值"，号召"大力弘扬劳模精神、劳动精神、工匠精神"，激励更多劳动者特别是青年一代走技能成才、技能报国之路，在奋力奔跑和接续奋斗中成就梦想。

无论是物质财富还是精神财富，都必须靠劳动来创造。"神舟"问天，"嫦娥"落月，"祝融"探火……中国航天之所以成就斐然，一个重要原因就在于广大航天人勤于钻研、精于创新。我们从"一辆汽车、一架飞机、一辆坦克、一辆拖拉机都不能造"，到构建起门类齐全、世界上最完备的现代工业体系，这背后凝结着一代又一代产业工人的持续付出。劳动创造价值，一个国家无论发展到什么阶段都要崇尚勤劳致富。

二、劳动道德教化

劳动是一种重要的德育方式。劳动精神是社会主义劳动道德观的价值彰显，它以社会主义核心价值观为导向，充分表达了高质量发展中我国在劳动领域鲜明的主流立场和善恶荣辱观，是今后一个时期进一步激发人们的劳动活力和创造热情的强大精神武器。

第一，劳动必须具备勤劳的品质。劳动是劳动者运用一定的生产资料或生产要素作用于劳动对象的实践活动，它需要劳动者的身体力行、勤勉刻苦。从某种意义上说，劳动者的劳动成效取决于其劳动的量和质。"一分耕耘，一分收获"，付出与收获总是同向同行的。付出之后得到的幸福只有历经艰辛的人们才能体会。马克思主义伦理学讲求权利与义务的统一。作为社会成员，个体有权分享社会的劳动成果。但同时，个体也有为社会付出劳动、作出贡献的义务。一定形式的劳动成为个体分享社会成果的前提条件。勤劳是劳动者的基本品质。劳动者无论从事何种职业或事业，都须从勤劳起步。中国人自古以来就以勤劳著称于世，勤劳是劳动者首位且可贵的品质。劳动可以培养学生的良好品质和道德观念。在劳动过程中，学生需要遵守规章制度，积极参与，认真负责，可以掌握劳动技能，锤炼意志，磨炼毅力，培养团队合作精神和助人为乐的品质。

第二，劳动必须具备诚信的品质。劳动创造是财富的源泉，脚踏实地是它的基本特征和本质属性。不论是生产劳动还是服务劳动、智能劳动，诚信务实、恪守信誉，反对弄虚作假、欺瞒哄骗，是社会主义劳动道德的基本要求。诚实是基本的人品要素。作为底线道德，它是中国特色社会主义道德体系的基础部分。当前,新时代的号角正激发出亿万中国人的劳动热情,无论是在哪一条战线、哪一个领域,只有通过诚实劳动,才能在社会的公平竞争中收获正当的利益。劳动作为一种重要的德育方式,可以培养学生的良好品质和道德观念,提高学生的知识技能、工作能力和综合素质。

第三,劳动必须倡导敬业奉献、精益求精的精神。如果说勤劳和诚信是劳动者的道德基准,那么,敬业奉献、精益求精就是劳动者的道德标杆。它囊括了不同岗位劳动者对待职业的敬畏态度和担当精神,是当代劳动精神的最高境界和精髓所在。习近平总书记所赞赏的劳模精神、工匠精神就是最佳体现。在现实生活中,劳动者分属于不同领域,他们对于劳动也有着自身的理解。但社会主义核心价值观引领下的劳动,其道德价值不仅表现在满足个人或家庭的幸福生活需要上,而且表现在满足他人和社会需要上。历史唯物主义阐明,人是社会的动物,人的本质属性是社会性。每一个人在为社会付出劳动的同时,也从社会中分享到他人的劳动成果。自己的劳动质量是社会劳动质量的一部分。从这个意义上说,敬畏劳动,对劳动负责,归根结底是对自己的利益负责。高质量发展要求社会劳动的各个领域、各个环节协同配合、优质高效,敬业奉献、精益求精的劳动精神是需要大力倡导的。

三、劳动职业引领

职业是由社会分工形成的,人们在社会中所从事的具有专门业务和特定职责的社会劳动活动。职业是人们谋生的一种手段,人们通过职业活动奉献社会、成就自己。职业是实现人生价值的舞台,是播种希望、收获劳动成果的媒介,人们通过职业获得一定的社会角色,为社会创造财富,实现自我价值。无论什么职业都是社会发展、进步中不可缺少的,寻求职业发展是人们追求美好生活的奋斗历程。

(一)职业的特性

1. 多样性

从事一定的职业需要具有专门的知识,具备一定的职业能力,还需遵守特定的职业道德。在日常生活中,人们的需求很多,为了满足人们的需求就产生了多种职业,如文艺工作者、教师等。在现代社会,人们的需求更加多样化,如养宠物,不仅宠物医生越来越受欢迎,而且围绕宠物形成了新的产业链。同时,社会分工越来越细,原来已有的职业又分化出新的职业。

2. 专业性

人的需求越多,社会分工就越细。随着社会的不断进步、科技水平的提高,各种职业的技术含量越来越高。在从事某一职业前,必须经过专业知识技能的教育和训练,而且要不断提高技术水平。

3. 技术性

每种职业都有一定的技术含量或需要遵守一定的技术规范、操作规范,需要达到一定的技术要求。

4. 时代性

随着时代的变化发展和人们需求的增多，许多新的职业应运而生，同时传统的职业也获得了新的时代内容。由此可见，职业活动的内容、种类都在随着时代的发展而变化，具有鲜明的时代性。

（二）职业与劳动的关系

劳动教育不是一蹴而就的，而是融入青少年成长成才的全过程。个体的职业兴趣将影响个人的职业选择，职业兴趣与职业选择相吻合，能够提高个人的工作满意度，从而提高职业的稳定性和职业的成就感。劳动教育具有鲜明的实践性特征，因此，劳动教育的有效开展既需要与人才培养体系有机匹配，又必须在现实行动中予以实施，从而实现对落实立德树人根本任务的支撑。

1. 职业是劳动分工、社会分工的产物

劳动分工是指人们社会经济活动的划分和独立化、专门化，是在经济活动过程中技术与人的联合方式，即劳动方式，马克思称之为生产方式或生产技术方式，属于生产力范畴。生产方式或生产技术方式是技术进步和生产社会化的产物，由生产资料和劳动者的技术发展水平，特别是生产工具的性质和状态来决定。正是劳动分工构成了人类社会分工的基础。

2. 劳动助力职业兴趣培养

兴趣对一个人个性的形成和发展，对一个人的生活与工作具有很大影响。职业兴趣是指个体在从事专业劳动的过程中，对与专业劳动有关的职业形成持续性专注，并产生向往，进而投入精力的心理倾向。劳动是培养职业兴趣的重要方式，通过劳动，我们能加深对职业的认识，发现自己的兴趣所在，从而为未来的职业选择提供指引。在劳动中，我们能体验到独特的成就感，这种成就感是职业兴趣的基础，能激励我们继续探索职业领域，追求更高的目标。

（三）职业行为的培育

1. 道德素养培育与日常实践结合

大学生正处于世界观、人生观和价值观形成的重要时期，生活阅历缺乏，基本生活技能欠缺，尚未完全形成对人生的深刻体验和感悟。劳动作为沟通主观与客观的媒介，有助于大学生的全面成长。

许多学校投入专项经费设置勤工助学岗位，让学生负责校园环境卫生，在食堂做帮工，打扫宿舍楼卫生，让学生在美化和净化学校的劳动过程中，亲身体验"一粥一饭之不易，一丝一缕之艰辛"，懂得劳动的艰辛，尊重劳动价值，尊重别人的劳动付出，养成吃苦耐劳的品格，培养良好的劳动习惯，获得一定的劳动技能，增强集体荣誉感。

2. 专业学习与社会实践结合

设置劳动教育的目标时，要注意专业学习和社会实践相结合，培养德智体美劳全面发展的社会主义建设者和接班人。一方面，劳动教育要渗透到专业课程中。职业院校的专业课中有丰富的劳动教育资源，可以在具体涉及劳动教育内容的相关课程中引导学生培育劳动情怀，树立正确的劳动价值观。另一方面，劳动教育要渗透到社会实践中。实践出真知，劳动教育必须超脱黑板上的教育，转化为行动教育。职业院校实施劳动教育，要加强对学生的劳动情怀的培育，可以通过建设教学与科研紧密结合的实践教学基地以及学校与社会密切合作的校企办学等途径，增加实验实践教学课时，通过具体的劳动实践，让学生切身体会劳动的艰辛，丰富社会阅历，增加社会体验，增强社会竞争力。

3. 创业就业与价值实现结合

大学生要顺应时代发展的要求，不仅要勤于学习，敏于求知，还要善于实践，勇于创新探索，在就业或创业的过程中，实现人生价值。一方面，树立正确的择业观，提高就业满意度，实现人生价值。择业观在很大程度上受劳动观影响，甚至可以说，有什么样的劳动观，就会有什么样的择业观。反过来，正确的择业观一定程度上也会促进正确劳动观的形成。另一方面，创业是一种创造性劳动，是一个从无到有、从理念到行动、从不知到可知的劳动过程，在这个过程中，不仅需要了解新情况，解决新问题，而且需要勇于创新、善于创新。大学生正处在最高活力、最富创造力的人生阶段，他们理应成为创新的主体。要坚持创新创业教育，弘扬劳动光荣的良好风气，保护并培养年轻人的批判思维，引导学生敢于并善于打破常规，在实践中推陈出新，在就业创业上开创新局面，在自我价值实现的过程中积聚能量，努力成长为促进社会发展、国家进步的强大力量。

4. 锤炼品格与艰苦锻炼结合

大学生在艰苦锻炼的实践过程中不断锤炼品格，通过亲身感受和体验，不仅能加深对主观世界和客观世界的认知，而且能提升规划未来人生的主动性和创造性。

一方面，劳动是锤炼品格、砥砺青春的"磨刀石"。劳动可以磨炼人的意志，增强人的自信，促进人的全面自由发展。人只有在劳动中能动地发挥聪明才智，才能真正地认识自己。劳动特别是集体劳动和一些富有创造性的劳动，有助于培养和激发人的集体意识、责任意识和担当意识。另一方面，艰苦锻炼铸就干事创业的历史担当。在恶劣的条件下，繁重的劳动生活能够磨炼培养人顽强拼搏的奋斗精神、坚毅刚强的意志品质和勇于担当的品格风范。这对于大学生来说也同样适用。创业就业的初始阶段都是艰辛的，只有拥有吃苦耐劳的拼搏精神，付出艰苦卓绝的努力，才有可能实现人生价值。

总之，大学生应树立正确的劳动观，磨炼劳动意志，拥有推陈出新的魄力和勇气，克服一道道难关，真正承担起为中华民族伟大复兴而奋斗的历史担当。高职教育培养的是适应生产、建设、管理、服务第一线需要的高素质技术技能人才，尤其需要吃苦耐劳、艰苦奋斗的精神。在社会价值观多元化的背景下，部分学生好逸恶劳、拈轻怕重，毕业后频繁跳槽，这表明其劳动意识、劳动态度、劳动精神等方面都出现了一定的问题，亟须补上劳动教育这一课。劳动教育是培养和提高大学生劳动素质和职业能力的重要途径，有助于培养大学生正确的劳动观、价值观、成才观，对高职院校育人工作有重要意义。只有强化劳动教育，才能更好地立德树人。

第三节　新时代劳动观

一、习近平新时代中国特色社会主义劳动观

党的十八大以来，以习近平同志为核心的党中央站在历史的高度，立足中国国情和发展实际，在继承和发展马克思主义劳动哲学的基础上，逐步形成了新时代的劳动思想体系，为实现"两个一百年"奋斗目标和中华民族伟大复兴提供了强大的理论支撑。2013—2016年的"五一"国际劳动节，习近平总书记连续4年发表系列重要讲话，就劳动、中国梦、劳动者、劳模精神等内容进行了深刻阐述。党的二十大报告中也提出了一系列与劳动息息相关的重要论断。习近平新时代中国特色社会主义思想在充分继承马克思主义思想的基础上，进一步发展了马克思主义劳动观，将马克思主义劳动思想上升到新境界。新时代的劳动思想包含劳动实践观、劳动发展观和劳动价值观等丰富内涵，成为推动党和国家事业发展的强大思想武器与具体行动指南。

（一）新时代的劳动实践观

习近平总书记指出，"人类是劳动创造的，社会是劳动创造的"。从马克思的"劳动创造了人本身"到习近平总书记强调的"劳动是人类的本质活动"，既是对历史唯物主义劳动思想的继承与发展，也是对新时代中国特色社会主义伟大事业的生动诠释。从这个意义上来说，新时代劳动哲学是马克思主义中国化的最新成果，也是新时代中国特色社会主义理论体系的重要组成部分。

"社会主义是干出来的"充分体现了马克思主义的实践观思想。新时代的劳动思想夯实了全民族"实干兴邦"的劳动实践观，鼓励劳动人民以辛勤劳动、诚实劳动和创造性劳动成就中华民族的伟大梦想。

（二）新时代的劳动发展观

习近平总书记指出，"劳动是推动人类进步的根本力量"，进一步强调了劳动创造的历史价值和重要意义，丰富和完善了马克思主义劳动观。从马克思的"劳动是任何一个民族存在和发展的基础"到习近平总书记的"劳动开创未来"，揭示了劳动与社会发展的本质联系。实现中华民族伟大复兴是中国未来的发展方向，劳动则是实现社会发展走向民族复兴的根本路径。劳动是通向未来的必经之路，只有脚踏实地地劳动，才能描绘出更加绚丽的美好未来。

（三）新时代的劳动价值观

习近平总书记在多次讲话中阐述了劳动态度、劳动模范和劳模精神等在中国特色社会主义事业中的重要作用，他号召全社会应始终弘扬劳模精神、劳动精神和工匠精神，为党和国家事业发展汇聚强大的动力，为实现中华民族伟大复兴提供"崇尚劳动"的价值引领。在国家层面，要始终弘扬劳动精神，为实现中华民族伟大复兴注入强大的精神动力。在社会

层面,弘扬劳动精神有利于在全社会营造崇尚劳动的浓厚氛围和敬业风气,为中国特色社会主义事业汇聚起精神能量。在个人层面,榜样的力量是无穷的,劳动精神可以感染并引领广大劳动者勤奋做事、勤勉做人、勤劳致富,培育和践行社会主义核心价值观。

二、新时代劳动观培育的意义

(一)重塑劳动教育的核心价值:超越工具性定位

近年来,劳动教育虽致力于资源开发与特色课程设计,力求提升学生的劳动知识与技能,却不经意间陷入了工具主义的误区,忽视了劳动本身的复杂性与学生全面发展的整体性需求。此种导向易使学生陷入劳动认知的误区,将劳动视为单一的学习或技能展示,沦为"机械操作员"或"技术工匠",而非全面发展的个体。劳动教育的本质在于育人,其核心是促进学生的全面成长与个性发展。因此,培育新时代劳动观要超越单纯的工具性定位,重视劳动教育的内在价值与教育意义,强化其对学生思想态度、身心健康及综合素质的积极影响。通过劳动教育,引导学生树立正确的劳动价值观,培养其社会责任感与集体意识,使劳动成为其内在动力而非外在负担。

(二)挣脱劳动异化的束缚:回归劳动的本质属性

马克思关于劳动异化的理论深刻揭示了资本主义生产方式下劳动的扭曲状态,即劳动产品成为与劳动者对立的异己力量。在当代教育语境下,劳动教育的异化现象同样不容忽视。避免将劳动作为惩罚手段、防止劳动教育流于形式、纠正手脑失衡等问题,是消除劳动异化的关键。我们应当认识到,劳动不仅是生存手段,更是实现自我价值、丰富精神世界的重要途径。因此,培育新时代劳动观要致力于恢复劳动的人本属性,强调劳动过程中的情感体验与精神满足,让学生在劳动中感受创造的乐趣、体验合作的价值,从而实现身心的和谐发展与自我实现。

(三)构建多维劳动素养体系:促进全面发展

劳动素养是连接生活与教育、理论与实践的桥梁,涵盖劳动价值观、知识与能力等多个维度。为实现劳动教育的总体目标,我们需构建一套多维度的劳动素养生成机制,确保认知性、情感性与实践性的均衡发展。当前,劳动教育面临的一大挑战是资源开发与课程设计的抽象化,导致学生难以形成深刻的劳动体验与情感共鸣。培育新时代劳动观应注重劳动教育的实践性与生活化,将劳动教育融入学生的日常生活与学习中,让学生在真实的劳动场景中体验劳动的艰辛与乐趣,理解劳动的价值与意义。同时,加强劳动价值观的教育引导,使之成为贯穿劳动教育全过程的灵魂与核心,促进学生形成正确的劳动观念与行为习惯,最终实现全面发展与个性成长。

三、新时代劳动观培育的有效路径

(一)坚持文化引领,深化价值理解

文化传统是价值观形成的社会条件,学生生活在传统文化的氛围中,深受其影响。因

此，我们需要重视文化的引领价值，不仅要充分挖掘中华优秀传统文化的精髓，也应积极响应文化发展新需求。劳动价值观的培育是"润物细无声"的过程，各学科文化是使劳动价值观浸润学生心田，使劳动思想成为他们日常行为的重要媒介和文化支点。所以，培育劳动价值观应积极整合资源，充分挖掘各学科文化底蕴。如很多诗歌就蕴含着劳动美，表达了对劳动的赞扬。《诗经·伐檀》写道："坎坎伐檀兮，寘之河之干兮……彼君子兮，不素餐兮。"既描绘了奴隶伐檀造车的劳动场景，也抨击了奴隶主不劳而获、坐享其成。教育者应灵活运用这些诗歌，通过音视频、讲解等方法让学生理解其中的劳动意义。此外，2020年发布的《大中小学劳动教育指导纲要（试行）》强调劳动教育应"在充分发挥传统劳动、传统工艺项目育人功能的同时，紧跟科技发展和产业变革，准确把握新时代劳动工具、劳动技术、劳动形态的新变化，创新劳动教育内容、途径、方式，增强劳动教育的时代性"。因此，劳动价值观的培育也要顺应时代发展，将信息技术、大数据等新兴技术融入培养内容之中，通过多元化劳动学习不断深化学生对劳动价值观的理解，实现对文化发展的积极回应。

（二）增强具身体验，追寻劳动本真

具身学习是将学生的身体和心智视为整体，强调的是学习过程的知、情、意统一原则。这是回应劳动价值本真和肯定劳动的属人性。具身学习反对表层形式化的劳动活动，主张设计真实劳动情境和亲历性的劳动活动，使学生在劳动学习中达到身心融合和手脑统一，收获劳动幸福感、意义感和归属感。因此，从具身学习出发，学校、社会和家庭间应加强情境联系，重视价值观培育的涉身性和情境性。在劳动价值观的培育中，我们要重视家庭和社会的关键作用。在家庭中，父母及其他家庭成员的思维方式和行为习惯会影响学生劳动价值观的形成。所以，家长应以身作则，坚持人文关怀，不应将家务异化为对孩子的惩罚，要适当建立奖励机制，鼓励孩子参与洗碗、拖地等力所能及的家务劳动。在社会中，应重视政策支持、正向宣传的积极作用，整合日常生活生产和服务性劳动资源，让学生通过参与校际教育帮扶、社区服务等劳动深化对劳动的理解，形成劳动价值认同。同时，也应尊重学生的劳动自由，不可因形式化的政策或活动强制学生劳动，使其疲惫不堪。因此，教育者必须强化学校、家庭和社会三者在教育责任上的一体性，充分发挥家庭在培养中的基础性作用、学校教育的主导作用和社会的支持性作用。

（三）重视自我反思，形成劳动自觉

劳动观的形成是螺旋式上升的过程，而价值冲突是重要的催化剂，主要表现为不同主体或文化差异导致价值观出现矛盾与碰撞，这是个体内在价值观念与外在客体价值间的交互作用。对于学生而言，产生价值冲突主要是由于个人劳动经历和劳动经验存在差异，从而产生不同的价值理解，影响价值判断。这种价值冲突若未得到有效解决，易导致学生轻视劳动、好逸恶劳、不珍惜劳动成果等不正确观念或行为的产生，不利于其身心发展。因此，教育者应关注学生的劳动反思，使劳动价值观成为学生的内生性价值追求，而非外界强加的价值规范。强化学生的自我反思是劳动价值观形成的关键一环，教育者应充分立足学生现有的劳动经验，可以向学生展示浪费粮食、商品生产偷工减料等反面案例，促使其在劳

动价值冲突情境中进行价值反思，也可通过设置价值留白，给予学生领悟和思考的机会，如开展主题班会、布置劳动小结、与家人交流分享等多种形式，让学生在劳动学习体验后有时间和空间去理解劳动所得，有效避免学生因过度参与劳动而产生疲惫、厌倦感。因此，劳动价值的自我反思是多元和个性并存的元认知，学生能从中灵活计划、监控和调节自己的劳动价值取向和劳动实践行为，真正形成内生性的劳动自发与自觉。

思考与练习题

1. 谈一谈你对马克思主义劳动价值观的看法。
2. 马克思主义劳动观的当代价值和启示是什么？
3. 新时代劳动价值观培育的有效路径有哪些？

第四章 劳动精神

学习目标

1. 了解劳动精神、劳模精神、工匠精神的内涵。
2. 思考弘扬劳动精神、劳模精神、工匠精神的做法。
3. 树立劳动精神、感悟劳模精神、铸造工匠精神。

第一节 传承劳动精神

一、劳动和劳动精神

（一）劳动

"人民创造历史，劳动开创未来。劳动是推动人类社会进步的根本力量。"在几千年的历史长河中，中国人民创造了丰富灿烂的物质文明，积淀了悠远深沉的精神财富。中华民族生生不息，中国文化源远流长。正是因为劳动创造，我们拥有了历史的辉煌；也正是因为劳动创造，我们拥有了今天的成就。

（二）劳动精神

伟大的时代需要伟大的精神，伟大的精神来自伟大的人民。中华民族历来就有勤劳勇敢、自强不息的优良传统，辛勤劳动、诚实劳动、创造性劳动的理念和劳动最光荣、劳动最崇高、劳动最伟大、劳动最美丽的价值观。

劳动精神是指劳动者在劳动过程中展现的精神状态、精神面貌和精神品质。劳动精神在理念认知上表现为全社会尊重劳动、崇尚劳动、热爱劳动，在行为实践上表现为劳动者辛勤劳动、诚实劳动和创造性劳动。二者构成劳动精神内涵的整体。

尊重劳动是指对劳动的认识，把劳动视为人类的本质活动，作为创造财富和获得幸福的源泉，尊重一切有益于人民、造福于社会的劳动者及其劳动价值；崇尚劳动是指对劳动的态度，认为劳动的价值有大小，劳动的分工无贵贱，劳动最光荣、劳动最崇高、劳动最伟大、劳动最美丽；热爱劳动是指对劳动的情感，焕发劳动热情、积极投身劳动、珍惜劳动成果，把劳动与实现自身价值紧密结合起来。尊重劳动、崇尚劳动、热爱劳动涉及对劳动的理性认知、感性把握和内在情感，体现为从对劳动的社会共识到个人的品行追求的由表及里、逐步内化的过程。辛勤劳动是指勤奋敬业、埋头苦干，是对劳动者的基本要求，是诚实劳动、创造性劳动的基础和保障；诚实劳动是指脚踏实地、恪尽职守，遵守法律、法规，遵循职业道德规范和工作标准，实事求是地认识和对待劳动过程与劳动成果，是辛勤劳动的升华，也是创造性劳动的前提；创造性劳动是指敢闯敢试、开拓创新，体现了体力劳动和脑力劳动、简单劳动和复杂劳动的结合，是辛勤劳动和诚实劳动的发展。

二、劳动精神的核心内涵

进入新时代，劳动精神有了更深刻的内涵。2020年11月24日，习近平总书记在全国劳动模范和先进工作者表彰大会上指出，在长期实践中，我们培育形成了"崇尚劳动、热爱劳动、辛勤劳动、诚实劳动的劳动精神"。

（一）崇尚劳动是新时代劳动精神的价值取向

中华民族自古就是崇尚劳动的民族。从"晨兴理荒秽，带月荷锄归"的耕作，到"女郎剪下鸳鸯锦，将向中流匹晚霞"的纺织，再到"六月调神曲，正朝汲美泉"的酿造……古往今来，对劳动的赞歌绵延不绝。中国特色社会主义进入新时代，习近平总书记高度重视劳动精神培育，提出崇尚劳动是新时代劳动精神的重要内容。习近平总书记指出："劳动创造了中华民族，造就了中华民族的辉煌历史，也必将创造出中华民族的光明未来。必须牢固树立劳动最光荣、劳动最崇高、劳动最伟大、劳动最美丽的观念，让全体人民进一步焕发劳动热情、释放创造潜能，通过劳动创造更加美好的生活。"

因为崇尚劳动，我们对每位劳动者都充满敬意。无论是耄耋之年的袁隆平走进稻田察看水稻长势；还是钟南山挤身于火车餐车，急赴武汉抗疫前线；或是张定宇不顾日益萎缩的双腿，在病房里奔走；抑或是张桂梅伸出贴满膏药的双手鼓励学生……这些情景无不令人动容。

劳动不仅创造物质财富，劳动者在劳动中所体现出的坚守与热爱，更是一笔宝贵的精神财富。他们让我们相信，有梦想，有机会，有奋斗，一切美好的东西都能够创造出来。

拓展阅读

二十大代表张桂梅：点亮山里女孩的梦想

张桂梅，云南丽江华坪女子高级中学党支部书记、校长，华坪县儿童福利院（华坪儿童之家）院长（图1-4-1）。1974年，17岁的张桂梅从黑龙江来到云南，一个偶然的机会，她走上了讲台，从此扎根边疆教育事业，一干就是数十年。

2001年，张桂梅兼任华坪县儿童福利院院长，白天上课，晚上照顾福利院的孩子，她成了学生和孩子们的"张妈妈"。

张桂梅所在的华坪县，以及周边的宁蒗彝族自治县、永胜县等地，山高谷深，不少地方曾是深度贫困地区，很多女孩早早辍学。于是，张桂梅决心筹办女子高中，点亮大山里女孩的求学梦想。历经数年努力，在党和政府以及社会各界帮助下，2008年，全国第一所免费的女子高级中学在华坪建成。不挑生源，张桂梅心中只有一个信念：只要山里的女孩愿意读，女高就是她们的家。

建校14年来,2 000多名女孩从这里走出大山,走进大学。

清晨,华坪女子高中的学生5点半起床,张桂梅起得更早,手持喇叭,唤醒学生开始新的一天。课间操时间,张桂梅守着做操的学生们。晚自习,她又雷打不动地巡查课堂。深夜,她便等在宿舍楼,催促学生入睡。每到寒暑假,张桂梅挨家挨户做家访,足迹遍布高山峡谷。高考时,张桂梅坚持12年送考、陪考,从不缺席。"我们要把女高的学生培养成国家的人才!"张桂梅说。

全国优秀共产党员、时代楷模、"七一勋章"……面对荣誉,张桂梅初心不变。"让学生们远方有灯、脚下有路、眼前有光。"如今,67岁的张桂梅病痛缠身,然而在面对学生时,她的每一句教导都充满力量。

"我既感到无上的光荣,又感到责任重大。重任在肩,唯有接续奋斗。"当选党的二十大代表后,张桂梅说,"我会一如既往地守护着孩子们,把她们送出大山,接受更好的教育,到外面的广阔天地磨炼意志,增长才干,做一个对国家和社会有用的人。"

图1-4-1　张桂梅

(资料来源:《人民日报》,2022年10月9日,有改动。)

(二) 热爱劳动是新时代劳动精神的情感选择

习近平总书记指出:"劳动是一切幸福的源泉。"劳动作为人类基本的生存方式和发展方式,不仅给人们带来物质资料的需求和满足,还给人们带来精神上的追求和收获,使劳动者通过劳动拥有获得感、幸福感和满足感。

中国共产党历史展览馆有一个《十八颗红手印》浮雕(图1-4-2)。雕塑中的18位农民,有人蹲着思考,有人站着议论,有人挽起袖子,在土地承包责任书上郑重按下手印。这便是1978年冬天,凤阳县小岗村农民签订"大包干"契约,将土地承包到户的情景。当18位农民依次按下自己的手印,改革开放的奇迹随之展开。这些农民为何敢闯敢试、敢为人先?因为他们相信,辛勤的劳动一定能换来幸福的生活。

图 1-4-2　十八颗红手印

劳动塑造未来,奋斗实现梦想。劳动没有高低贵贱之分,不论身处哪个行业,只要付出足够的辛劳与智慧,干一行、爱一行、钻一行,即使在平凡的岗位上也能取得不平凡的成绩。

(三) 辛勤劳动是新时代劳动精神的实践状态

习近平总书记指出:"我们的国家,我们的民族,从积贫积弱一步一步走到今天的发展繁荣,靠的就是一代又一代人的顽强拼搏,靠的就是中华民族自强不息的奋斗精神。"辛勤劳动是劳动精神的实践状态,反映了劳动者的劳动行为模式,是实现新时代中国经济社会发展目标必备的要素和条件。

2020年6月,随着北斗三号最后一颗全球组网卫星成功发射入轨,中国完成了北斗三号全球卫星导航系统星座部署。从1994年立项到2000年建成北斗一号系统,从2012年开始正式提供区域服务到2020年服务全球,我国成为继美国、俄罗斯之后世界上第三个拥有自主全球卫星导航系统的国家。这背后,是中国"北斗人"秉承航天报国、科技强国的使命情怀,二十六载风雨兼程、攻坚克难、辛勤劳动、精益求精,探索出一条从无到有、从有到优、从有源到无源、从区域到全球的中国特色发展道路。

功崇惟志,业广惟勤。三峡工程竣工、青藏铁路通车、南水北调、西气东输、"嫦娥"飞天、"蛟龙"潜水……一个个"中国奇迹"的背后,是劳动者艰苦卓绝的不懈奋斗。社会主义是干出来的,新时代是奋斗出来的。党的二十大报告明确指出,要团结带领全国各族人民全面建成社会主义现代化强国、实现第二个百年奋斗目标,以中国式现代化全面推进中华民族伟大复兴的中心任务。辛勤劳动是实现中国特色社会主义远大目标的前提,只有通过辛勤劳动才能实现建设好中国特色社会主义,实现中华民族伟大复兴。

(四) 诚实劳动是新时代劳动精神的道德原则

劳动是个体实践,也是社会行为。只有每名劳动者以诚实劳动获得回报,社会的基本秩序才能得到保障。使用地沟油的人可能也是毒奶粉的受害者,制造毒奶粉的人可能会买到假冒伪劣产品,而生产假冒伪劣产品的人也许有一天会遇到不诚信的债务人……诸如偷工减料、伪造销售假冒商品、抄袭侵权、科研不端等失信行为,虽然可能通过欺骗手段短暂获得私利,但最终整个社会都要为诚信缺失付出代价,没有人能够从中真正受益。

习近平总书记说:"人世间的美好梦想,只有通过诚实劳动才能实现;发展中的各种难题,只有通过诚实劳动才能破解;生命里的一切辉煌,只有通过诚实劳动才能铸就。"无论是在公众视线之内还是视线之外,我们都应该坚持诚实地工作;无论是在商业领域还是在科学研究和艺术创作中,诚实的劳动都是必不可少的。我们推崇和尊重劳动,就应该真诚劳动、诚实劳动。将诚信置于首位,重视诚信、以诚信为美,这正是劳动的真谛所在。

在当代中国,尊重劳动、热爱劳动、勤奋劳动和诚实劳动已成为民族精神和时代精神的关键要素,也是中国共产党精神谱系的重要组成部分。这些宝贵的精神财富如同指引方向的旗帜和照亮道路的灯塔,激励着无数劳动者不懈努力,追求卓越。当无数劳动者的智慧在中华大地播撒,就如同种下了无数梦想的种子;当他们的辛勤汗水滋养着这片土地,这些梦想必将蓬勃生长,开花结果。

三、劳动精神的价值指向

2018年9月10日,习近平总书记在全国教育大会上发表讲话时强调:"要在学生中弘扬劳动精神,教育引导学生崇尚劳动、尊重劳动,懂得劳动最光荣、劳动最崇高、劳动最伟大、劳动最美丽的道理,长大后能够辛勤劳动、诚实劳动、创造性劳动。"劳动最光荣、劳动最崇高、劳动最伟大、劳动最美丽相互联系、有机统一,昭示了新时代劳动精神的价值指向,激励着青年学生积极投身劳动,以劳动共筑美好新时代。

(一)劳动最光荣

弘扬劳动精神就是要发扬勤奋刻苦的光荣传统,抵制好逸恶劳的错误思想,时刻警惕不劳而获、投机取巧、贪图享乐等错误观念。只有劳动最光荣的理念深入人心,新时代的劳动精神才能发挥其凝聚力和领导力。在平衡个人与集体、局部与整体、短期与长期利益时,应以无私奉献和利他主义为价值取向。当劳动者的劳动成果得到认可、观点受到肯定、行为被效仿、需求得到满足,由此带来的满足感、自豪感和荣誉感将激励他们以更高的热情投身社会劳动,进而创造更大的价值。

(二)劳动最崇高

劳动的主体是劳动人民。人民群众是历史的创造者,全体劳动人民都是历史的见证者和参与者,是决定党和国家前途命运的根本力量。人民群众中蕴藏着无尽的智慧和力量,劳动人民是劳动精神的创造者,劳动人民对美好生活的向往与追求是推动社会文明不断前进的根本动力。劳动最崇高的价值指向,就是始终以人民为中心,一切为了人民,一切依靠人民,发展成果由人民共享。

(三)劳动最伟大

伟大事业需要伟大精神,实现中华民族伟大复兴需要劳动精神作为支撑。功崇惟志,业广惟勤,一砖一瓦方能砌成中国特色社会主义事业大厦,一点一滴才能创造人民的美好生活。我国越发展壮大,遇到的阻力和压力就会越大,这就要求我们以勇立潮头、走在前列的勇气,以冲开绝壁、夺隘而出的锐气,投身改革创新的时代潮流,在平凡岗位上勤勉工作,坚决破除一切顽瘴痼疾,通过调整生产关系激发社会的创新、创造活力。

(四)劳动最美丽

劳动是人改造世界的过程,因此,劳动最能体现人的实践力量和审美精神。劳动产生的劳动成果中既有直接描绘劳动美的艺术作品,也有侧面映照劳动美的伟大创造。新时代是充满生机和活力的时代,到处都是人民群众努力奋斗和火热劳动的场景,既有全国各族人民勠力同心建设社会主义现代化强国、不断开创历史新局面的生动笔触,也有中国共产党团结带领全国各族人民共谋国家富强、人民幸福的宏大叙述,还有鲜活的生命个体为美好生活奋力拼搏的聚焦。新时代劳动精神凝聚着劳动之美,蕴含在崇高的道德境界和高尚的道德情操之中。无数新时代奋斗者都在平凡的岗位上成就不平凡的人生,在劳动奉献中实现人生价值。

第二节 弘扬劳模精神

弘扬劳模精神

一、劳模和劳模精神

(一)劳模

劳模是劳动模范的简称。"劳"代表劳动,这是成为劳模的首要条件。"模"则代表一种价值导向,具有可近、可亲、可信、可学的榜样作用。劳模是一个"先进符号",是人民授予生产建设中先进人物的崇高称号,以表彰劳动中有显著成绩或重大贡献的可以作为榜样的人。劳模是在社会主义建设事业中成绩卓著的劳动者,经职工民主评选、有关部门审核和政府审批后被授予的荣誉称号。劳动模范分为全国劳动模范与省、部委级劳动模范,有些市、县和大企业也开展劳动模范评选。中国的劳模表彰大会始于1943年与1944年在陕甘宁边区召开的劳动英雄和模范生产者表彰大会。中华人民共和国成立后,国家沿用这种方式来调动群众的生产热情,因此,劳模表彰活动继续开展,并形成了一套完善的评选、表彰机制。到目前为止,中华人民共和国共进行了15次全国劳模表彰活动,有3.1万多人次荣获"全国劳动模范"或"先进工作者"称号。

劳模是劳动的典范和标杆,是在群众性的劳动竞赛中崭露头角的卓越个体,被社会公认为最值得效仿的劳动者。在国家建设与发展的进程中,劳模是各行业领域的杰出典型,他们代表了社会对特定劳动方式和劳动精神的最高赞誉。劳模随着国家和时代的进步而出现,他们不仅是劳动群众的杰出代表,而且是最美劳动者,是民族的精英、国家的支柱、社会的骨干和人民的榜样,是党和国家宝贵的财富,是永远引领时代的先锋。

2020年11月24日,习近平总书记在全国劳动模范和先进工作者表彰大会上发表重要讲话,赞扬劳动模范是民族的精英、人民的楷模,是共和国的功臣,号召全党全国各族人民大力弘扬劳模精神、劳动精神、工匠精神,努力在全面建设社会主义现代化国家新征程上创造新的时代辉煌、铸就新的历史伟业。

劳模拥有一个共同特质:他们虽然是普通人,却承载着时代精神,坚信并致力于追求更加美好的未来。他们的存在为民族精神提供了坚实支撑,为民族的历史增添了深度;他们用自己的智慧、才智、无私的奉献,以及与时俱进的精神,激励着人们不懈地努力进取,在日复一日的生活中向世人展示劳动的崇高价值。

> **拓展阅读**
>
> **习近平给中国劳动关系学院劳模本科班学员的回信**
>
> 中国劳动关系学院劳模本科班的同志们:
>
> 你们好!"五一"国际劳动节前夕,收到你们的来信,我感到十分高兴。你们为党和国家事业发展作出了突出贡献,被评为劳动模范,如今又在读书深造,这是对大家辛勤劳动、无私奉献的褒奖,也是党和国家对劳动者的关怀。
>
> 社会主义是干出来的,新时代也是干出来的。希望你们珍惜荣誉、努力学习,在各自岗位上继续拼搏、再创佳绩,用你们的干劲、闯劲、钻劲鼓舞更多的人,激励广大劳动群众争做新时代的奋斗者。
>
> 我一直强调,劳动最光荣、劳动最崇高、劳动最伟大、劳动最美丽。全社会都应该尊敬劳动模范、弘扬劳模精神,让诚实劳动、勤勉工作蔚然成风。
>
> 值此"五一"国际劳动节之际,我向你们、向全国所有劳动模范、向全国广大劳动者,致以节日的问候。
>
> 习近平
>
> 2018 年 4 月 30 日
>
> (资料来源:新华网,2018 年 4 月 30 日,有改动。)

(二)劳模精神

劳模精神是指劳模在平凡岗位上做出不平凡业绩所坚持、坚守、坚定的基本信念、价值追求、人生境界,以及展现出的整体精神风貌,其基本内涵是"爱岗敬业、争创一流,艰苦奋斗、勇于创新,淡泊名利、甘于奉献"。劳模精神是劳动群体先进性的集中体现和高度浓缩,是植根于中国大地、反映中国劳动者意愿、适应中国和时代发展进步要求的精神品格。劳模精神是引领中华民族时代发展的先进思想和价值取向。它是一种人文精神,代表的是一个时代的价值观、道德观,展示的是中华民族顽强拼搏、自强不息的崇高品格,体现的是中华民族与时俱进、开拓创新的精神风貌。

党的十八大以来,习近平总书记多次就劳模精神发表重要讲话,系统阐明新时代劳模精神的历史源流、嬗变轨迹和生成逻辑,构建了新时代劳模精神的理论基石、历史逻辑、时代内蕴和实践价值,继承并丰富了马克思主义劳动观,深化并发展了劳模精神的中国属性、科学内涵、时代品格、实践价值和弘扬路径,为弘扬新时代劳模精神提供了有力思想武器,具有重要的理论价值和实践意义。

爱岗敬业是本分,争创一流是追求,艰苦奋斗是作风,勇于创新是使命,淡泊名利是境界,甘于奉献是修为。做一个守本分、有追求、讲作风、担使命、有境界、有修为的人,是每一位劳模的精神风范,更是每一名劳动者应该追求的目标。

二、劳模精神的时代变迁

一个时代有一个时代的劳动模范,每个时代的劳动模范都以自己的模范行为激励着一代又一代劳动者为祖国的繁荣富强而拼搏。劳模精神作为时代精神,在不同的时代有不同的内涵,但其主旋律始终不变。

(一)革命战争年代劳模精神的时代特色

中国劳模最早诞生于土地革命战争时期中央苏区的公营企业和革命竞赛中,之后出现在抗日战争时期的陕甘宁边区大生产运动和各项建设中。这一时期的劳模群体呈现出"为革命生产劳动、为革命拼命献身、为革命苦干巧干"的"革命型"特点,劳模精神开始萌芽。而在这一时期,最典型的事例就是南泥湾大生产运动。1941—1944年,仅仅3年时间,杂草丛生的南泥湾就变成了一个"米粮川"。毛泽东指出"这是中国历史上从未有过的奇迹,这是我们不可征服的物质基础"。南泥湾大生产运动创造了巨大的物质财富和精神财富,为边区的大生产运动树立了榜样。"自力更生、艰苦奋斗"的精神也激励着这一代的劳动者们,涌现出王震、赵占魁、吴运铎、甄荣典等一系列优秀代表人物。

拓展阅读

做新时代垦荒人,让南泥湾精神代代相传

1938年10月,抗日战争进入战略相持阶段,八路军除了面对日军实行的"三光""蚕食""清乡"等政策,还要应对蒋介石国民党军队对抗日根据地进行的严密军事包围和经济封锁,打破国民党"不准一斤棉花、一粒粮食、一尺布"进入边区,"饿死八路军,困死八路军"的阴谋企图。

面对严峻的斗争形势,党中央、毛泽东及时提出"发展经济、保障供给"的总方针和"自己动手、丰衣足食"的号召,动员广大军民开展大生产运动。1941年3月,八路军主力部队三五九旅开进了陕甘宁边区的"南大门"南泥湾,实行战斗、生产、学习相结合,将曾经荒无人烟、梢林满山、荆棘遍野、野兽出没的"烂泥湾",开垦建设成了"平川稻谷香,肥鸭遍池塘。到处是庄稼,遍地是牛羊"的陕北好江南。

在练兵垦荒的过程中,革命先辈用辛勤劳动创造了无比宝贵的南泥湾精神。南泥湾精神是我们党在中国革命极端困难时期战胜各种艰难险阻的强大精神武器和不竭力量之源。

2015年2月,习近平总书记在陕西考察工作时强调,我们党是靠自力更生、艰苦奋斗起家的。"靡不有初,鲜克有终。"虽然我国已经成为世界第二大经济体,各方面实力大大增强,生活条件大大改善,但我们决不能丢掉自力更生、艰苦奋斗的传家宝。自力更生、艰苦奋斗是我们共产党人的品质,是我们立党立国的根基,也是党员、干部立身立业的根基。

(资料来源:《中国青年报》,2021年10月28日,有改动。)

(二) 社会主义革命和建设时期劳模精神的时代特色

中华人民共和国成立初期一穷二白,社会主义建设在中国共产党的领导下曲折前进。1950—1979年,我国召开了9次全国劳模表彰大会,共表彰劳动模范、先进工作者和先进生产者13 600余人。劳模群体在艰苦环境中练就了坚毅品质和勤劳品格,他们为了中华人民共和国的发展建设愿做老黄牛、勇当拓荒牛、甘为孺子牛,勤勤恳恳、无私奉献、坚忍不拔、顽强拼搏、开拓奋进的老黄牛精神成为这一时期中国劳模精神的时代内核。

拓展阅读

王 进 喜

王进喜是中国石油战线的"铁人"。

1959年,中国石油战线传来喜讯:发现大庆油田。1960年,一场规模空前的石油大会战在大庆开展。王进喜从西北的玉门油田率领1205钻井队赶来,加入这场石油大会战。一到大庆,摆在王进喜面前的是许多难以想象的困难:没有公路,车辆不足,吃和住都成问题。但王进喜和他的同事下定决心:有天大的困难也要高速度、高水平地拿下油田。在困难面前,王进喜带领全队靠人拉肩扛,把钻井设备运到工地,以"宁肯少活二十年,拼命也要拿下大油田"的顽强意志和冲天干劲,苦干五天,打出了大庆第一口喷油井。在那些日子里,王进喜即使身患重病也顾不得去医院;钻井时被砸伤了脚,他拄着双拐指挥;油井发生井喷,他奋不顾身跳进泥浆池,用身体搅拌泥浆。在大庆油田工作的10年中,王进喜为我国石油事业立下了汗马功劳,曾获"全国劳动模范"等光荣称号。王进喜身上体现出来的"铁人"精神,激励了一代代的石油工人。

邓 稼 先

"两弹元勋"邓稼先为我国原子弹、氢弹的发展作出了杰出贡献。他甘当无名英雄,把自己的青春之光融进中国核防御力量的"铁脊梁"之中。

1950年,26岁的邓稼先在美国获得了物理学博士学位。他带着当时最先进的物理学知识回来报效祖国。20世纪50年代末,邓稼先从物理学讲坛上"消失"了,他的身影出现在核武器研制的基层第一线:在北京郊外的高粱地里参加研究所的兴建,在罗布泊试验场的土路上颠簸,在云遮雾罩的山区指挥原子弹、氢弹的研制。邓稼先为我国的核武器研制事业兢兢业业、呕心沥血,从原子弹、氢弹原理的突破和试验成功及武器化,到新的核武器的重大原理突破和研制试验,他都作出了重大贡献,为我国第一颗原子弹和第一颗氢弹试验成功立下了卓越的功勋。邓稼先曾获得国家自然科学奖一等奖、国家科技进步奖特等奖等奖项,获得"全国劳动模范"等荣誉称号。

(三)改革开放时期劳模精神的时代特色

改革开放,万象更新。党和国家号召尊重知识、尊重人才,充分肯定了知识分子的地位和作用,相较于之前宣扬"艰苦奋斗、自力更生、无私奉献"的劳模精神,这个时期更加强调劳模精神对生产力发展的促进作用,劳模评选常态化、制度化,劳模逐渐具有知识型、创新型、技能型、管理型的特点。

在"科学技术是第一生产力"等一系列重要论断下,专职技术员、知识型工人、优秀企业家等进入了劳模行列,陈景润、袁隆平、金庆民等一批院士、教授光荣地当上了劳模。与此同时,"工人发明家"包起帆、"金牌铆工"杨建华、"专家型工人"李斌……一大批知识型产业工人的劳动模范勇立时代潮头、锐意改革创新。告别不怕苦、不怕累的"老黄牛"这个代名词,告别淡化吃苦耐劳的一元价值取向,劳模队伍的外延不断扩大,劳模精神的内涵也变得更加丰富。

拓展阅读

袁 隆 平

袁隆平被誉为"杂交水稻之父",他为解决中国人的温饱问题和保障国家粮食安全作出了杰出贡献,同时也深刻地影响、改变了世界,为世界和平和社会进步树立了丰碑。袁隆平是中国研究与发展杂交水稻的先行者,也是世界上第一个成功地利用水稻杂种优势的科学家。他一生致力于杂交水稻技术的研究、应用与推广,长期奋战在农业第一线。他曾获得国家最高科学技术奖、国家科学技术进步奖特等奖,获得"全国劳动模范"等荣誉称号。袁隆平热爱祖国、一心为民、不畏艰险、执着追求的精神值得我们每个人学习。

(四)新时代劳模精神的时代特色

进入新时代,中国劳模精神在延续了过去的精髓要义的同时,显露出新的时代内涵和实践向度。新时代劳模是社会主义改革开放和建设中优秀劳动者的典范,新时代劳模精神鼓舞着成千上万的普通劳动者坚守理想信念、立足本职岗位,奋勇当先当优、勇于创新创造、创建事业功勋,以主人翁的姿态诠释爱党爱国、兢兢业业、恪尽职守、无私奉献、宁静致远的精神风貌。习近平总书记指出:"长期以来,广大劳模以平凡的劳动创造了不平凡的业绩,铸就了爱岗敬业、争创一流、勇于创新、淡泊名利、甘于奉献的劳模精神,丰富了民族精神和时代精神的内涵,是我们极为宝贵的精神财富。"这些重要论述精辟地概括了劳动精神的科学内涵,深刻揭示了新时代劳模精神的实质特征,同时也是对劳模精神时代价值的充分肯定。

拓展阅读

许振超

　　曾创造多项世界纪录的金牌工人许振超说:"咱当不了科学家,但可以练就一身'绝活儿',做个能工巧匠。"2003年,53岁的许振超和队友们以6小时27分钟的速度,卸完3 400个集装箱,创造了单船效率339自然箱的新世界纪录,在全社会掀起了"振超效率"的旋风。许振超曾获"全国优秀共产党员""改革先锋""最美奋斗者""全国五一劳动奖章""全国道德模范"等荣誉称号。

白芝勇

　　"唯有不懈奋斗,才能创造幸福、实现梦想。"全国劳模、中铁一局五公司高级测量师白芝勇深有感触地说。从一名普通技术员到"金牌测量师",20多年的职业生涯中,他始终以"干一行爱一行,钻一行精一行"的精神,默默扎根一线,不断实现人生的自我超越。他和他的团队精测的线路占到了中国高铁运营里程的十分之一。

　　从"铁路小巨人"巨晓林到"金牌焊工"高凤林,从"大国工匠"洪家光到"守护万家灯火的'光明使者'"张黎明……他们把劳动精神、劳模精神和工匠精神融为一体,谱写了"中国梦·劳动美"的新篇章,让劳模精神在千千万万劳动者中赓续传承。

　　一代人有一代人的使命,一代人有一代人的担当。随着时代的发展,劳模精神将继续吸纳新的时代特质,不断丰富其内涵。在全面建设社会主义现代化国家、实现中华民族伟大复兴的新征程中,我们更需要大力弘扬劳模精神,激发奋进力量,齐心协力创造新的伟业,谱写新的辉煌。

三、弘扬劳模精神

　　劳模精神是广大劳动模范在从事社会生产的劳动实践中锤炼形成的,是工人阶级和广大劳动群众弥足珍贵的精神财富。爱岗敬业、争创一流,艰苦奋斗、勇于创新,淡泊名利、甘于奉献的劳模精神是工人阶级伟大品格的具体体现,生动诠释了社会主义核心价值观,丰富了民族精神和时代精神的内涵,是激励全国各族人民团结奋斗、勇往直前的强大精神力量。

(一)爱岗敬业,养成尽职尽责、精益求精的工作作风

　　爱岗就是热爱自己的工作岗位,热爱本职工作;敬业就是用恭敬严肃的态度对待自己的工作。爱岗和敬业互为前提,相互支持,相辅相成。爱岗是敬业的基石,敬业是爱岗的升华。爱岗敬业指的是忠于职守的事业精神,这是职业道德的基础。

　　2016年4月26日,习近平总书记在知识分子、劳动模范、青年代表座谈会上指出:"素

质是立身之基,技能是立业之本。广大劳动群众要勤于学习,学文化、学科学、学技能、学各方面知识,不断提高综合素质,练就过硬本领。"提倡爱岗敬业就是要做到热爱本职岗位,努力做到干一行爱一行。在平凡的岗位上严格要求自己,时时事事不忘创先争优;保持热情的工作态度和严谨的工作作风;认真树立职业理想,强化自己的职业责任;认真学习与职业有关的理论知识,提升职业技能,不断完善自我、提高自我,时刻保持努力学习的劲头,在工作中学习,在实践中学习,将学习作为一种良好的生活习惯。只有那些干一行爱一行的人,才能专心致志地搞好工作。如果只从兴趣出发,见异思迁,"干一行厌一行",不但自己的聪明才智得不到充分发挥,而且会给工作带来损失。

提倡爱岗敬业要努力培育敬业精神。敬业精神是指人们全身心投入自己的工作事业,是社会对人们工作态度的道德要求。我们应具备坚实的专业技能,扎扎实实地掌握好专业基本功,努力成为行家里手;要有强烈的事业心,具有事业心的人能根据自己的主客观条件确立经过努力可以达到的可行目标;要有积极的进取意识,具有进取意识的人会为自己设定较高的工作目标,勇于迎接挑战,渴望有出色的工作成绩,争取更大更好的发展。提倡爱岗敬业就要努力积累专业技能。敬业必须有与岗位相适应的能力,有了能力才能出色地完成任务。如果只有敬业的意愿却没有相应的素质和能力,敬业就是一句虚话。能力需要在工作实践中检验、锻炼和提升,而敬业的精神力量可以调动自身其他能力的发挥,让工作效率得到极大的提高。

(二)争创一流,弘扬超越自我永不止步的不懈追求

争创一流是一种积极奋发的精神风貌,是一种凝心聚力的目标追求,可以内化为个人的工作动力源泉。我们要学习劳模,创造一流的工艺、一流的质量、一流的管理、一流的服务,推动我国社会生产力水平实现整体飞跃。

争创一流就要设定高目标。如果工作标准不高,工作质量就难以提升,面对的挑战就难以克服,遇到的问题就难以解决,长此以往可能导致思维上的惰性,进而导致思想保守僵化、行动迟缓、停滞不前。争创一流意味着在已有的高标准上不断追求更高的目标,在新的起点上不断寻求创新。从表面上看,争创一流是行动的飞跃;从根本上讲,它是思维的革新。

争创一流就必须追求最优。正如《论语》所言:"取乎其上,得乎其中;取乎其中,得乎其下;取乎其下,则无所得矣。"追求最优需要持之以恒,成功是从量变到质变的积累过程;追求最优需要创新思维,保持积极思考的习惯,维护思维的独立性和前瞻性;追求最优需要热情洋溢,以积极主动的态度投入到工作、学习和生活中;追求最优还需要掌握方法,包括为人处世、工作执行和思考问题的方式。追求最优是实现卓越成就的关键。

争创一流就要具备进取心。"进"代表前进的动力,只有通过不断的学习和进步,我们才能提升自身的能力;而"取"则意味着收获,但收获之前必须有付出,付出是收获的前提。进取心是一种不满足于现状、持续追求新目标的心态。我们应该将"下一个成功"视作自己努力的方向,永远怀有一颗进取的心。在成功的道路上,每达成一个短期目标,我们不应自

满,而应坚信最优总是"下一个",将已有的成就视为新的起点,这样才能持续攀登新的高峰。

(三)艰苦奋斗,造就不畏艰辛、自强不息的革命本色

艰苦奋斗是指为实现伟大的或既定的目标而勇于克服艰难困苦、顽强奋斗、百折不挠、自强不息、居安思危、戒奢以俭的精神和行动。艰苦奋斗精神的内核是不怕困难、自强不息,不屈服于艰难困苦,不懈怠于富足安逸,不满足于已有的成绩,不避讳自己与他人的差距,始终奋发向上、谦虚谨慎,保持不断进取的精神状态。

艰苦奋斗的精神包含两个维度:一是物质维度。艰苦奋斗要求我们适度消费、合理消费,即应与时代和社会生产力的发展水平相匹配。它倡导节俭和珍惜劳动成果,自觉抵制奢侈和过度追求物质享受的心态。二是精神维度。艰苦奋斗要求我们面对困难和挑战时展现出勇敢、积极进取、坚忍不拔和积极行动的面貌,以及乐于为公共利益奉献的行为特质。这种精神状态和行为品质反映了一种积极向上、不断奋斗的生活态度和价值观。

倡导艰苦奋斗意味着在思想上要确立正确的价值观和立场,增强面对困难的勇气,坚定克服困难的决心,并培养在逆境中积极进取、勇于担当的品质。这要求我们在精神上始终保持积极向上的活力、进取的锐气和正直的气质,坚持不懈、追求卓越、不屈不挠。在学习和工作中,我们应该始终保持勤奋和创新,厉行节约,先苦后甜。在生活态度上,我们应该保持平和的心态,能够忍受清贫、耐得住孤独、抵御诱惑、坚守原则,自我尊重、自我反省、自我警醒、自我激励,自觉远离低级趣味,抵制腐败和堕落的生活方式。

(四)勇于创新,保持锐意进取、求新求变的精神风貌

创新是民族发展的核心动力。一个鼓励全民创新的国家将展现出强大的活力,一个倡导全员创新的企业将充满活力,一个不断自我革新的个体也将发挥更大的作用。发展中总是蕴藏着机遇,而创新则是实现伟大事业的关键。劳模的创新精神不仅是各行各业创新精神的集中体现,也是对青年学生的要求,更是一份值得永久传承的精神遗产。

创新是一个以新颖的思维、发明和描述为特点的概念化过程。它是人类独有的认知和实践能力,代表了人类主观能动性的高度发展,是驱动民族向前发展和社会不断进步的永恒力量。一个民族想要走在时代的前沿,创新的思维是不可或缺的。

创新就是要敢于突破老规矩,敢于打破旧框框,敢于接受新事物,创造性地建立新机制、制定新思路、采取新方法、取得新成绩。对于青年学生来说,做到勇于创新,最重要的就是培养创新思维、提升创新能力。

(五)淡泊名利,锤炼廉洁自律、遵规守矩的高尚品格

淡泊名利是中华民族的传统美德,也是人生崇高境界的体现。淡泊名利不是出于无能为力的无奈,也不是自满自足的自我欣赏,更不是无所作为的哀叹,而是一种超然物外、心胸开阔的生活态度。劳模的成就与他们淡泊名利的高尚精神密切相关。许多劳模长期坚守在平凡的岗位上,像螺丝钉一样默默无闻地工作,不懈奋斗,同时保持内心的宁静和对名

利的淡泊,脚踏实地地追求自己的人生理想和生命价值,赢得了全社会的尊敬。淡泊名利意味着要清清白白地做事、干干净净地做人,公正无私、廉洁自律,全心全意为人民服务、尽职尽责。要树立正确的名利观,以平和的心态对待名声,以知足的心态对待利益,自觉维护心灵的纯洁、行为的端正,以廉洁为荣、以节俭为准则,能够承受艰苦、保持清贫、抵御诱惑,始终保持抵御腐败和变化的能力。

"名利淡如水,事业重如山。"在新的历史条件下,我们要积极弘扬淡泊名利的精神,做到计利国家、无私忘我,不争名、不图利、不揽功,甘为人梯,甘做无名英雄,在祖国最需要的地方艰苦奋斗、建功立业,在平凡的岗位上苦干实干、创造实绩,不断提高自我净化、自我完善、自我革新、自我提高的能力。

(六)甘于奉献,培育敢于担当、乐于付出的行为品质

奉献精神是指个人为了社会集体或他人利益,能够自愿放弃或牺牲自身利益的高尚品质。无论时代如何变迁,奉献精神始终是激励人们积极进取的强大动力。奉献的内涵十分广泛,它涵盖了面对困难时勇于承担责任的精神、毫不犹豫地提供帮助的无偿服务、不计较个人得失的无私精神,以及勤勉工作、忘我投入的职业态度。奉献不仅是一种美德,更是社会进步的基石。正是因为有了人们的无私奉献,社会的物质和精神财富才能持续增长。

时代发展浩荡向前,精神之火永不熄灭。伟大的时代呼唤伟大的精神,崇高的事业需要榜样的引领。在今后的学习与工作中,我们要学习和弘扬奉献精神,把个人追求与国家发展、社会进步紧密联系在一起,拓展生命的维度,把淡泊名利、甘于奉献转化为自己的信念动力,融入自觉行动中,争做不务虚名的行动者和兢兢业业的奉献者。不忘初心,砥砺前行,把自己的梦想融入实现中华民族伟大复兴的波澜壮阔的奋斗之中,书写无愧于时代的人生精彩画卷。

第三节 铸造工匠精神

一、工匠精神的基本内涵

工匠,从字面来看,就是工人、匠人的意思;《现代汉语词典》(第7版)中的解释是手艺工人。他们技艺精湛,匠心独具;他们勤劳敬业,稳重干练;他们不断雕琢自己的产品,不断改善自己的工艺;他们以工作获得金钱,但他们不为金钱而工作;他们耐得住寂寞,经得起诱惑,将毕生精力奉献给一门手艺、一项事业;他们执着、坚守、精进,不断追求极致与完美。

"工匠精神"的核心是:不仅把工作视为谋生的手段,而且要树立对工作执着、对所做的事情和生产的产品精益求精、精雕细琢的精神。从本质上讲,工匠精神是一种职业精神,是

职业道德、职业能力和职业品质的体现,是从业者的职业价值取向和行为表现。工匠精神的基本内涵包括敬业、协作、精益、专注和创新5个方面的内容。

(一) 敬业——职业精神

敬业是工作者出于对职业的敬畏和热爱而展现出的全情投入、认真负责的职业态度。中华民族历来崇尚敬业乐群和忠于职守的精神,敬业不仅是中华民族的传统美德,而且是社会主义核心价值观的重要组成部分。早在春秋时期,孔子就提倡人们应在生活中始终秉持"执事敬""事思敬""修己以敬"的原则。其中,"执事敬"强调在行动中要严肃认真,不可轻率;"事思敬"强调在面对任务时要全神贯注,不可敷衍;"修己以敬"则强调要不断提升自我修养,保持谦逊恭敬。宋代著名思想家朱熹将敬业阐释为"专心致志,以事其业",强调对工作的专注和投入。

(二) 协作——团队精神

协作是指团队成员之间分工明确的合作。与过去的手艺工人不同,新时代的工匠,特别是产业工人,他们的生产方式已经转变为大规模机器生产。在这样的生产模式下,工匠所负责的任务仅是整个生产流程中的一小部分。例如,"复兴号"高速列车的生产,一节车厢就涉及3 700多道工序,这些工序单靠个人是无法完成的,必须依靠车间或班组(即团队)的协作来实现。团队的成功依赖于成员之间的相互合作和共同努力,而不是单独行动。因此,协作是现代工匠精神的关键要素。

(三) 精益——品质精神

精益代表对工作追求完美和极致的态度,它体现了从业者对每一件产品、每一道工序都投入极大的专注和努力,不断追求更高的标准和质量。精益求精意味着即使已经达到了高标准,仍然寻求进一步提升,力求做到无可挑剔,正如俗语所说:"即使是制造一颗螺丝钉,也要追求做到最好"。老子主张的"天下大事,必作于细"强调了细节的重要性。那些能够不断取得成功的企业,往往是因为它们坚持精益管理,不断追求卓越。

(四) 专注——坚持精神

专注是指内心坚定、注重细节的耐心、执着和持久的精神,它是所有杰出工匠必须具备的核心品质。从国内外的实践经验来看,工匠精神都体现了一种长期的坚持和执着,即数十年如一日地专注于自己的工作。在中国,早有"艺痴者技必良"的说法,意味着那些对艺术痴迷的人技艺必然精湛。古代的工匠往往倾其一生,只专注于一项或少数几项技艺的精进。《庄子》中描述的技艺高超的"庖丁解牛",以及《核舟记》中记载的技艺非凡的王叔远,都是这种专注精神的典型代表。

(五) 创新——革新精神

工匠精神强调对工作的执着、坚持和专注,甚至达到对技艺的陶醉和痴迷,但这并不意味着墨守成规。相反,它包含了突破现状、不断创新的内在要求。工匠精神要求工匠将"匠心"贯穿生产的每一个环节,既要对所从事的职业充满敬畏,对产品质量追求极致的精准,同时也要具备不断追求创新和突破的活力。事实上,古往今来,热衷于创新和发明的工匠一直是世界科技进步的重要推动力量。中华人民共和国成立初期,我国涌现出一大批优秀的工匠,如倪志福、郝建秀等,他们为社会主义建设作出了突出贡献。改革开放后,"汉字激光照排系统之父"王选、"中国第一、全球第二的充电电池制造商"王传福等成为创新的代表,他们的成就成为"中国创新"的重要组成部分。

二、工匠精神的当代价值

"执着专注、精益求精、一丝不苟、追求卓越。"2020年11月24日,在全国劳动模范和先进工作者表彰大会上,习近平总书记高度概括了工匠精神的深刻内涵,强调劳模精神、劳动精神、工匠精神是以爱国主义为核心的民族精神和以改革创新为核心的时代精神的生动体现,是鼓舞全党全国各族人民风雨无阻、勇敢前进的强大精神动力。2022年4月27日,习近平总书记致信祝贺首届大国工匠创新交流大会举行,强调技术工人队伍是支撑中国制造、中国创造的重要力量。我国工人阶级和广大劳动群众要大力弘扬劳模精神、劳动精神、工匠精神。

劳动者的素质对一个国家、一个民族发展至关重要。不论是传统制造业还是新兴产业,工业经济还是数字经济,工匠始终是产业发展的重要力量,工匠精神始终是创新创业的重要精神源泉。

(一)为社会发展进步提供了强大精神动力

我国自古就有推崇工匠精神的优良传统。如《周礼》中对"巧者述之"的描述,再如《庄子》中耳熟能详的庖丁解牛、游刃有余的典故,都是对"道技合一"境界的形象表达。而在中国共产党领导,在中国革命建设、改革的各个阶段中,涌现出了一大批辛勤付出、无私奉献甚至不畏牺牲的工匠,具有无产阶级特质和社会主义性质的工匠精神应运而生。

拓展阅读

庖丁解牛

庖丁为文惠君解牛,手之所触,肩之所倚,足之所履,膝之所踦,砉然向然,奏刀𫘤然,莫不中音。合于《桑林》之舞,乃中《经首》之会。

文惠君曰:"嘻,善哉!技盖至此乎?"

庖丁释刀对曰:"臣之所好者道也,进乎技矣。始臣之解牛之时,所见无非牛者。三年之后,未尝见全牛也。方今之时,臣以神遇而不以目视,官知止而神欲行。依乎天理,批大郤,导大窾,因其固然,技经肯綮之未尝,而况大軱乎!良庖岁更刀,割也;族庖月更刀,折也。今臣之刀十九年矣,所解数千牛矣,而刀刃若新发于硎。彼节者有间,而刀刃者无厚;以无厚入有间,恢恢乎其于游刃必有余地矣,是以十九年而刀刃若新发于硎。虽然,每至于族,吾见其难为,怵然为戒,视为止,行为迟。动刀甚微,謋然已解,如土委地。

提刀而立,为之四顾,为之踌躇满志,善刀而藏之。"

文惠君曰:"善哉,吾闻庖丁之言,得养生焉。"

——摘自《庄子·养生主》

新民主主义革命时期,许多杰出工匠为革命胜利作出了关键贡献。例如,陕甘宁边区农具厂的化铁工人赵占魁,在极端高温下,用湿棉袄代替专业防护,不畏艰辛,精进技术,提升产品质量;被誉为中国"保尔·柯察金"的兵工专家吴运铎,在研制武器中屡受伤痛,却以坚强的意志克服困难,坚守生产前线,在简陋的条件下成功研发枪榴弹等多种武器,为部队提供了强大火力支持。

中华人民共和国成立后,各行业涌现出众多能工巧匠,为社会主义建设注入了活力。例如,北京永定机械厂钳工倪志福,通过不懈努力,发明了适用于多种材料的"倪志福钻头",在国内外产生了深远影响;青岛国棉六厂的细纱挡车工郝建秀,凭借坚忍不拔的精神,钻研出高效、优质、低耗的"细纱工作法"(亦称"郝建秀工作法"),成为纺织行业的创新典范。

改革开放以来,各行业的劳动者积极弘扬工匠精神,将专业专注和追求卓越的理念贯彻到技术、产品、质量、服务的每一个细节,成就了众多"中国制造"的辉煌。例如,"金牌工人"许振超,从事高铁研发和生产的铁路工人,特高压、智能电网领域的电力工人,还有在艰苦环境中建设青藏铁路的工人们……他们都是工匠精神的杰出代表,通过自己的发明创造和辛勤劳动,为国家的繁荣和人民的福祉作出了不可磨灭的贡献。

新时代,工匠精神的时代价值更加显著。从连接三地的港珠澳大桥到时速达350公里的京张高铁,从北斗导航系统到空间站的天和核心舱,这些超级工程和国之重器,以及尖端技术的发展,不仅展现了科技的飞跃,更体现了工匠精神的坚实支撑。我国1.7亿名技术工人在各行业发挥着关键作用,他们是"中国制造"和"中国创造"的中坚力量,肩负着推动我国由制造业大国向制造业强国转变的历史使命。

拓展阅读

中国载人航天工程三十周年:逐梦苍穹 未来可期

1992年9月21日,中国载人航天工程立项实施。

从无人飞行到载人飞行,从一人一天到多人多天,从舱内实验到出舱活动,从单船飞行到组合体稳定运行……载人航天工程三十年的建设发展,是建设创新型国家和科技强国的重要内容,是实现中国梦、航天梦的具体实践,在展现综合国力、服务国家战略、推动科技创新、促进经济社会发展等方面发挥了重要作用。

1. 从零起步,稳扎稳打

载人航天工程规模庞大、系统复杂、技术难度高。在工程立项之初,可谓一张白纸、白手起家。

工程论证、立项时，科研人员大胆提出由推进舱、返回舱和轨道舱组成的三舱飞船的技术路线，将安全性设计作为飞船设计的核心，同时考虑功能的可扩展性，在增加对接机构后，使之成为空间站与地面之间的天地往返运输工具，为载人航天的下一步发展打下坚实基础。

另外，从经济性角度出发，考虑一船多用，当飞船完成在轨运行任务后，轨道舱留轨飞行，可开展大量空间科学实验。

从1999年神舟一号的一飞冲天，到2003年神舟五号实现首次载人飞行，中华民族千年飞天梦圆，再到2005年神舟六号实现多人多天太空飞行，2008年神舟七号完成中国人首次太空行走，中国国旗首次在太空中飘扬，2011年神舟八号与天宫一号圆满完成首次交会对接任务……

在载人航天工程"三步走"的第一阶段，突破分段技术、制导导航与控制技术、液体回路保障技术等一大批具有自主知识产权的核心技术，使神舟系列飞船深深打上了"中国制造""中国创造"的烙印，使我国一跃成为世界上第三个能够独立把人送上太空的国家，同时也成为第三个能够独立开展有人参与的空间科学实验的国家。

2. 新征程上，勇攀高峰

党的十八大以来，党中央高度重视航天事业发展，明确提出航天梦，强调航天梦是强国梦的重要组成部分。在党的坚强领导下，中国载人航天踏上了新征程。

2013年6月11日，神舟十号载人飞船成功发射，航天员聂海胜、张晓光、王亚平在太空先后完成了1次自动、1次手控交会对接，开展了太空授课，以及大量科学实验和技术试验。15天后的6月26日，飞船返回舱安全返回地面。这是我国载人天地往返运输系统首次应用性飞行，标志着工程第二步取得阶段性重大胜利。

神舟十号的研制攻关和在轨任务的圆满完成，意味着我国突破了空间组合体人性化设计基本技术、空间站建造基本技术，建立了天地往返运输系统，我国全面掌握了航天器自动和手动控制交会对接、航天器绕飞等技术，更是标志着神舟飞船作为我国载人天地往返运输系统日趋成熟，为实施我国载人航天第三步发展计划奠定了技术基础。

2016年，长征七号首飞任务所搭载的多用途飞船缩比返回舱成功返回，验证了新一代多用途飞船的返回舱新气动外形，突破了一批关键技术；实施了天宫二号与神舟十一号载人飞行任务，首次实现了航天员中期在轨驻留，并开展了一批体现国际科学前沿和高新技术发展方向的空间科学与应用任务。

2017年，我国发射了天舟一号货运飞船，突破和验证了空间站货物运输、推进剂在轨补加等关键技术，飞行任务取得圆满成功。至此，载人航天工程第二步胜利收官。

3. 接续奋斗，未来可期

建造空间站、建成国家太空实验室，是实现载人航天工程"三步走"战略的重要目标，是建设科技强国、航天强国的重要引领性工程。

载人航天工程第三步的主要任务是"建造空间站,解决有较大规模的、长期有人照料的空间应用问题"。

2021年4月29日,长征五号B运载火箭将中国空间站天和核心舱送入太空,推动我国空间站建造进入全面实施阶段,中国人迎来了首个温馨舒适的太空家园。同年5月至10月,又相继将天舟二号货运飞船、神舟十二号载人飞船、天舟三号货运飞船、神舟十三号载人飞船送入太空。其中,神舟十二号航天员在轨驻留3个月,神舟十三号航天员在轨驻留6个月,创下中国航天的多个"首次"。

2022年4月16日,神舟十三号载人飞船返回舱成功着陆。中国空间站关键技术验证阶段圆满完成,进入全面建造阶段。6月5日,神舟十四号载人飞船将陈冬、刘洋、蔡旭哲成功送入太空,正式开启6个月的太空之旅,标志着中国空间站任务转入建造阶段以来的首次载人任务正式开启。7月24日,我国空间站首个实验舱,也是迄今我国最大单密封舱体的问天实验舱在长征五号B运载火箭的托举下,横空飞九天,有力推进了中国空间站在轨建造任务按期圆满完成。

2022年,中国空间站将最终完成"T字构型"建造任务,中国人的飞天梦将更加高远。

(资料来源:新华网,2022年9月21日,有改动。)

(二)激励广大劳动者立志成为高技能人才和大国工匠

工匠精神是时代精神的生动体现,折射着各行各业一线劳动者的精神风貌。"如切如磋,如琢如磨。"不论是一个人还是一个团队,要想在一个领域实现卓越,就必须执着专注、唯精行事。

因为热爱,我国航天发动机焊接第一人高凤林倾注毕生的精力,专注做自己感兴趣的事而不后悔,他将工匠精神看成是一种信仰,一种坚持。为了练习稳定性、协调性,高凤林就在休息时举着铁块练耐力,吃饭时用筷子练习送焊丝的动作,甚至冒着高温观察铁水的流动规律。一直苦练技艺,高凤林的技艺有了质的飞跃。在长征三号甲运载火箭膜盒的焊接生产中,曾面临技术难题:要在薄如发丝的高精密度焊接中保证零件不变形,同时还要通过氦气检漏的考验。高凤林受邀前往,从工艺过程、夹具设计到焊接生产都给出了自己的建议方案,并最终攻克了这一难题。

回顾历史,工匠精神培育了人才、积累了经验、创造了财富,普通劳动者在平凡中成就伟大、在岗位中铸就辉煌,彰显"执着专注、精益求精、一丝不苟、追求卓越"的工匠精神的本质内涵。

(三)引导劳动者干一行、爱一行、钻一行

新时代,各行各业的劳动者坚守岗位、脚踏实地,以实际行动践行执着专注、精益求精、一丝不苟、追求卓越的工匠精神,努力在平凡岗位上干出不平凡的业绩。第一代核潜艇总设计师黄旭华,在没有计算机的条件下,带领团队绘制了4.5万张设计图纸,不断调整潜艇内部数万台设备的布局,确保了艇内100多公里长的电缆和管道的合理布置,体现了极致的

工匠精神；语文特级教师于漪,每晚深入学习,备课时将每句话都记录下来,反复修改直至完美,再背下来,使之口语化,被誉为"人民教育家",同样展现了工匠精神的精髓。"三百六十行,行行出状元。"我国进入高质量发展的新阶段,对广大劳动者提出了更高的标准,也为每个人提供了展现才华的舞台。无论身处何种岗位,只要积极传承和弘扬工匠精神,每个人都能在劳动中实现自我价值、展现个人风采、体验工作的快乐。

三、铸造工匠精神的意义

当前,我国正处在向工业强国迈进的关键时期,培育和弘扬严谨认真、精益求精、追求完美的工匠精神,对于建设工业强国具有重要意义。工匠精神的内涵不仅是工匠职业本身所具备的价值取向,更是成为在社会工作中的任何人的行为追求。在"中国制造"向"中国创造"转变的背景下,当今工匠有新的历史使命和重要责任,工匠精神的铸造也被赋予了更多的意义。

(一)工匠精神是衡量社会文明进步的重要尺度

实现中华民族伟大复兴,不仅需要物质财富的极大丰富,也需要精神财富的极大丰富。物质文明和精神文明的协调发展是国家进步的双重驱动力,它们共同构成了推动社会文明向前发展的"两个轮子""一双翅膀"。只有物质力量和精神力量同步增强,人民的物质生活和精神生活同步提升,中国特色社会主义事业才能持续健康发展。事实上,工匠精神的作用发挥程度与社会的物质文明、精神文明的进步程度都直接相关。从物质文明的角度来看,工匠精神在物质文明的创造过程中可以发挥强大的精神动力及智力支持作用；从精神文明的角度来看,工匠精神作为一种职业精神,在本质上是同社会主义核心价值观,特别是同其中的敬业、诚信要求高度契合的。

(二)工匠精神是中国制造业前行的精神源泉

制造业是国民经济的主体,是立国之本、兴国之器、强国之基。中华人民共和国成立尤其是改革开放以来,我国的制造业持续快速发展,建成了门类齐全、独立完整的工业体系,有力推动了工业化和现代化进程,显著增强了综合国力,支撑世界大国地位。然而,与世界先进水平相比,中国制造业仍然大而不强,在自主创新能力、资源利用效率、产业结构水平、信息化程度、质量效益等方面差距明显,转型升级和跨越发展的任务紧迫而艰巨。

在中国从制造大国迈向制造强国的进程中,工匠精神被赋予了新的时代内涵。它不是工匠大师特有的殊荣,每个坚守工作岗位兢兢业业的劳动者都是对工匠精神的生动诠释。

(三)工匠精神是劳动者实现自我价值的重要途径

当今社会,机械化生产提高了产品生产效率,很多工作由计算机、机器来完成,因此很多劳动者觉得工作单调、机械和乏味,甚至有的劳动者觉得在智能时代自我价值已经消失了,人的劳动正在被机器取代。

实则不然。对于一个具有工匠精神的劳动者而言,产品是向往自由美好愿望的充分表达。劳动者在创造性工作的过程中具有完全的主动权,根据自己的构思、意志来完成产品,使自我想法在产品中体现,创作出来的产品是自我对世界的理解、认识的客观化体现。以工匠精神进行创造,工作就变成了忘我的投入、生命的外在表达。自我的价值存在于自己双手所能控制的作品中,不受其他因素的影响,使自己在工作过程中能够获得真正的满足与成就感。

> **拓展阅读**
>
> ## 2022年"大国工匠年度人物"揭晓
>
> 为深入学习贯彻党的二十大精神,大力弘扬劳模精神、劳动精神、工匠精神,团结引导广大职工为全面建设社会主义现代化国家、全面推进中华民族伟大复兴不懈奋斗,由中华全国总工会、中央广播电视总台联合举办的2022年"大国工匠年度人物"发布活动,2月28日在江苏省南京市揭晓评选结果。
>
> 10位"大国工匠年度人物"分别是:航空工业哈尔滨飞机工业集团有限责任公司数控铣工秦世俊、广西汽车集团有限公司钳工郑志明、天津港集团第一港埠有限公司港口内燃装卸机械司机成卫东、中国中铁隧道局集团盾构操作工母永奇、中国航天科技集团有限公司第六研究院西安航天发动机有限公司数控车工何小虎、中国水利水电第四工程局有限公司机电安装分局桥式起重机司机田得梅(女)、国网山东省电力公司超高压公司电气试验工冯新岩、中国商飞上海飞机制造有限公司飞机装配工周琦炜、徐工集团徐州重型机械有限公司数控车工孟维、四川广汉三星堆博物馆文物修复师郭汉中。他们都是所在行业的顶尖技术技能人才,都是劳模精神、劳动精神、工匠精神的优秀传承者。
>
> 本届"大国工匠年度人物"发布活动自2022年9月启动,采取各省级工会、各全国产业工会推荐,与职工群众推荐、自荐相结合的方式。组委会办公室经过认真审核材料、广泛征求意见、反复对比遴选,从推荐人选中初选出50位"大国工匠年度人物"候选人。相关领域知名专家、著名劳模代表、资深媒体人士组成的专家评委会,经过严格评审,从候选人中最终评选出10位2022年"大国工匠年度人物"和40位"大国工匠年度人物"提名人选。
>
> (资料来源:《光明日报》,2023年3月6日,有改动。)

四、工匠精神的培育

(一)培育工匠精神的必要性

工匠精神一说并非始自今日。2016年,政府工作报告中首次出现"工匠精神"。此后,"工匠精神"一词在不同场合被反复提及,引起了社会各界的强烈关注,这值得我们对"工匠精神"的价值和意义进行深入思考。

为何反复强调工匠精神？工匠精神是大国崛起不可缺少的精神品质，它将中国特色社会主义建设与学生未来职业发展结合起来，是中国经济转型的必然趋势，是学生未来职业发展的必然要求，更是高职院校生存发展的需要。培育精益求精的工匠精神，是适应经济发展新常态的必然要求，是以"双引擎"助力"双中高"的必然要求。弘扬精益求精的工匠精神，并使其成为全社会、全民族的价值导向和时代精神，对于技能人才队伍建设具有重要意义，而这种培育对高等职业教育来说责无旁贷。

（二）职业院校培育工匠精神的路径

当前环境下，职业院校应该探索工匠精神的内涵，并且紧密围绕工匠精神的要求展开教育，培育大学生的职业精神和职业素养。

1. 积极构建培养工匠精神的价值体系

工匠精神蕴含的职业理念和价值取向与社会主义核心价值观内涵高度一致，不仅要成为制造业的发展准则，而且要成为高等职业院校校园文化的价值导向。高职院校应通过搭建机制、创设平台，让敬业执着、吃苦耐劳、精益求精、勇于创新成为广大师生自觉的价值追求。学校一方面应让学生深入合作企业，现场体验企业文化，感受企业员工对工作的执着追求。另一方面，在校园文化建设过程中，可以营造崇尚劳动光荣、技能宝贵的氛围，让学生在耳濡目染中积淀工匠精神。

2. 努力更新教师观念，带动学生实现思想观念认识的提升

要想使学生具有工匠精神，教师首先要有工匠精神。工匠精神的培育和高职教师队伍的建设紧密相关。学校应该及时更新教师的思想观念，要使教师认识到工匠精神对学生成长成才的重要性。促使教师以精益求精的精神设计教学内容，以孜孜不倦的工作态度收获教学成果，以严谨的风格培养学生意志，纠正懒散懈怠的工作作风，以专业的工作品质打造最优的产品与服务，从而发挥师傅带徒弟的作用，引导学生践行工匠精神。

3. 在教学中渗透工匠精神

教学是学校教育的中心工作，高职院校应当将工匠精神渗透到专业教学教育中。学校要从制定教学目标、教学内容、教学方法等方面入手，使学生在潜移默化中感受工匠精神。

与普通高校不同的是，职业院校更强调实践教学。实习实训是职业院校实施教育教学的重要课堂，是高职教育人才培养过程中的重要环节。实践教学要求学生时时、刻刻、处处按照规范进行操作，不管是实训前的准备环节、实训中的练习环节，还是实训后的整理环节，都要做好、做实、做细，因为这些都是养成工匠精神的充分必要条件。只有从细节做起、从规范做起、从平时做起，才能生成工匠精神的职业文化素养，才能生成精益求精、追求卓越、敢于创新的职业品质。为此，要把坚持规范操作的职业素养培育融入学生教育的各个环节中，确保其能够一丝不苟地完成所有的事情。与此同时，还要让学生在实训中直接了解企业对从业人员职业素养的要求，感知工匠精神的价值和内涵，并且在实践中磨炼意志。

4. 建立长效机制护航工匠精神

厚植工匠文化，需要以制度为保障。工匠精神要成为劳动者的价值取向和行为自觉，关键是其背后要有一套完善的保障制度。高职院校培育工匠精神亟须新的人才培养理念，强化顶层设计，建立长效机制。高职院校要紧扣职业教育特别是高职人才培养的内在规律，科学把握工匠精神对于职业教育的价值，积极推进人才培养模式、专业课程建设、教育方式方法的改革创新，把工匠精神有机地融入教学安排、产教融合、技能提升之中，着力构建以培育工匠精神为内核的人才培养模式，为培育工匠精神提供保障。

5. 形成有利于铸造工匠精神的思政体系

依据高职学生的认知行为特点，优化思政课堂内容，在课程教学中着力诠释工匠精神，用生动的思政课堂启发学生思想。开展大家名师、企业专家、优秀校友进课堂活动，用他们的亲身经历点拨学生、感染学生、启发学生、引领学生，使弘扬工匠精神成为师生的文化自觉。注重用工匠精神引领校风、学风建设，鼓励学生端正学习态度、严谨治学，在学习中树立科学精神，锤炼品德情操。

学习工匠
弘扬闽都

6. 建立有利于培育工匠精神的评价机制

考核评价机制是导向。教育主管部门应当将工匠精神培育纳入高职院校人才培养水平评估的重要指标，以培养造就"中国工匠"为目标，引导学校深化人才培养模式改革，切实提升人才培养质量。高职院校则要创新教师考核评价机制，教师参与指导学生参与各种专业社团活动、专业技能比赛的工作量和成绩应该列为教师绩效工资考核和教师职称评定的重要指标。

质量之魂，存于匠心。工匠精神的培育是一个漫长而艰苦的过程，需要全社会的重视。高职院校作为培养职业化人才的基地，其人才培养的质量直接关系着企业产品的质量，因此，工匠精神是职业教育的题中应有之义。高职教育工作者应不忘服务初心、牢记育人使命，让工匠精神渗透到职业教育的各个层面、各个环节，从而培育学生的工匠意识，锻造学生的工匠品质，培养学生良好的工作习惯，确保学生在未来的职业生涯中坚持追求卓越的创造精神、精益求精的品质精神、用户至上的服务精神，为实现中华民族伟大复兴厚植品质基础。

思考与练习题

1. 怎样传承劳动精神、劳模精神和工匠精神？
2. 谈一谈你对劳动模范的认识与理解。
3. 劳动精神、劳模精神和工匠精神如何联动？

第五章 劳动教育的多元融合

> **学习目标**
>
> 1. 认识劳动教育与德育、智育、体育、美育的"五育"融合。
> 2. 理解劳动教育如何与专业实践融合。
> 3. 掌握劳动教育如何与三创教育融合。

第一节 劳动教育与德育、智育、体育、美育的融合

2018年9月,习近平总书记在全国教育大会上提出:"要培养德智体美劳全面发展的社会主义建设者和接班人。"2020年3月,《中共中央 国务院关于全面加强新时代大中小学劳动教育的意见》指出,劳动教育"具有树德、增智、强体、育美的综合育人价值"。加强劳动教育与其他"四育"的融合,是促进学生全面发展的必要途径。

一、以劳树德

习近平总书记在全国教育大会上指出:"我国是中国共产党领导的社会主义国家,这就决定了我们的教育必须把培养社会主义建设者和接班人作为根本任务,培养一代又一代拥护中国共产党领导和我国社会主义制度、立志为中国特色社会主义奋斗终身的有用人才。"浇花浇根,育人育心。要坚持把立德树人作为根本任务,全力培养社会主义建设者和接班人,培养社会发展、知识积累、文化传承、国家存续、制度运行所要求的人。简言之,劳动教育以"树德"为首要价值。劳动被赋予积极的道德价值,对于推动落实教育立德树人根本任务具有战略意义。苏联著名教育家苏霍姆林斯基也指出:"劳动是道德之源,人类的创造性劳动是道德素养的本源,也是精神素养的基础。"

(一)以劳树德的内容和本质

"以劳树德"是一种传统的道德观念,本质是通过勤勉的劳动和学习,不忘初心、不负众望,建立自身的社会信誉,从而树立自己的道德观念和行为准则,赢得社会的尊重和认可。在劳动活动中,人们对"为什么劳动""怎么劳动"等问题的思考构成了道德的基本内容,建构起道德精神内核。

（二）劳动教育和道德教育的关系

劳动能树德就在于劳动教育与道德教育之间对立统一的辩证关系。一方面，劳动属于经济基础范畴，道德则属于上层建筑范畴，由经济基础决定。因此，劳动决定道德，劳动是道德形成的先决条件。恩格斯指出："人们首先必须吃、喝、住、穿，就是说首先必须劳动，然后才能统治，从事政治、宗教和哲学等。"另一方面，道德的目的、内容和方法受制于社会生产力水平及经济制度。道德是一定的生产力水平决定的经济关系和阶级关系的反映和体现。不论何种道德，其根本目的都是维护统治阶级利益，其内容是社会生产方式和生产关系的反映，不能脱离一定的生产力条件和科学技术水平。

总之，劳动教育是德育的重要形式和载体，德育是劳动教育的目的和内容。二者在教育目的、性质、内容、方式等方面都具有紧密的关联性、互补性、融合性和协同性，相辅相成，能共同发挥育人作用。因此，从根本上说，劳动教育和德育是能够互相融合、互为支撑的，这是劳动教育具有德育功能的基础。

（三）以劳树德的途径

习近平总书记在全国教育大会上发表的重要讲话把"劳"字列入全面发展教育理念，具有重大战略意义。党的十八大以来，习近平总书记在多个场合强调了劳动的价值、歌颂了劳动的伟大，多次表明"劳动是人类的本质活动"、劳动创造世界等观点，不仅继承了马克思主义劳动观点，还站在战略高度，把劳动与开创中国特色社会主义新时代、实现中华民族伟大复兴联系起来，明确提出"社会主义是干出来的，新时代也是干出来的""实干才能梦想成真"，拓宽了劳动视野，开辟了马克思主义劳动思想新范畴。

以劳树德的理念是对劳动力和知识的尊重，是把劳动者和学习者作为社会核心的体现，弘扬勤奋刻苦、艰苦奋斗、勤俭节约的精神，维护劳动尊严，能够激励全社会用智慧创造财富，通过劳动实现自我价值，从而激发全体劳动者的积极性和创造力，推动社会发展和进步。

奉献社会是以劳树德的一条途径，它要求我们不仅要服从社会的规则，遵守国家的法律，而且要为社会作出贡献，并且要以自己的行为和话语去影响、推动社会的发展，从而推动社会的进步。要做到这一点，可以从以下3个方面入手。

1. 价值引领，精神浸润立指南

用马克思主义劳动价值观滋养心灵，将劳模精神、劳动精神、工匠精神牢记心中，为自身的劳动实践提供指南。

2. 多元探索，志愿参与公益助成长活动

可以参与各种形式的公益活动、社会事务，如环保活动、助学活动、志愿者活动等，帮助弱势群体，为社会提供有价值的服务，从而加深对社会问题的理解，丰富自身的社会经验，增强责任感。

3. 事不避难，勇于担当有作为

在遇到社会问题时，要有勇气去面对，认真分析问题，采取有效的措施解决问题。

正如习近平总书记所讲："劳动是财富的源泉，也是幸福的源泉。"劳动教育是共产主义社会图景中人的全面发展的根本路径，我们应该发挥以劳树德的牵引功能，让其成为新时代大学生的鲜亮底色。

二、以劳增智

劳动增智主要指劳动不仅可以检验人的认知能力和认知结果是否符合客观真理，还可以提升人的判断力和创造力。马克思指出："未来教育对所有已满一定年龄的儿童来说，就是生产劳动同智育与体育相结合，它不仅是提高社会生产的一种方法，而且是造就全面发展的人的唯一方法。"学习者在现实生活中把所学知识付诸实践，能更好地了解自己的优势和劣势以及动力和潜能。

作为一种学习活动，劳动提供了在实践中验证理论知识的机会。一方面，教育的内容和目标要对接社会生产的需求，符合时代发展趋势；另一方面，教育的质量和成效要在实践中进行检验和评估。

（一）以劳增智的必要性

1. 社会发展对个人素质的要求

随着科技的发展和经济的繁荣，社会劳动力市场竞争日益激烈，社会更加重视劳动者的素质提高，这就要求劳动者不断学习和提升自己，不断适应新技术和新工作方式，以适应社会工作的需要。

2. 个人素质提升的内在要求

系统化的学科理论学习固然可以满足学生掌握专业知识和高精技术的需求，但人格的塑造和综合素质的提升不仅要靠学科知识的学习，更要靠实践的深化，知识和技术的实践应用过程以及驾驭知识和技术的思想意识的基础依然是劳动。

（二）以劳增智的有效性

1. 提高个人的专业素质

高校普遍提供职业技能培训，针对不同岗位、不同专业的学生开展专业技能培训，提高学生的专业技能，这也是一种用劳动技能增智的方法，能够有效提高学生的专业素质，提高学生的综合竞争力。

2. 提高个人的职业素养

通过职业劳动实践，劳动者可以加深对职业的认知，提升职业技能和创新能力。例如，参加社会劳动创新思维培训，从劳动中学会如何提出新的问题，从而把握行业趋势、发展机遇，利用劳动中的探索发现创新性地解决实际问题，进而增长个人的智慧才干，提高创新能力。

3. 提高个人的学习能力

在劳动过程中，学生会关注到行业动态，了解新技术和新工作方式，以及掌握与自己工作相关的知识和技能。学生可以通过劳动将所学知识和技能应用到实践中，还可以通过劳动实践不断探索和尝试,发现新的问题和挑战,从而促进自己的成长和发展,提高个人的知识水平、技能水平和实践能力。

劳动增智是社会发展的重要支撑,社会要想发展,必须重视个人的素质提高,重视劳动增智。社会可以根据实际情况,制定合理的以劳增智措施,加大投入,培养专业技能好、职业素养高、创新思维强、职业规划能力优秀的高素质人群,从而提高社会的综合竞争力,促进社会的发展。大学生应注重自身素质的提升,同时不断地拓宽视野,在劳动过程中掌握新技术和新工作方式,提高自己的综合素质和职业能力,实现个人职业发展和自我价值的提升。

三、以劳健体

以劳健体主要指劳动教育可以阻止或延缓身体和精神的衰败。劳动能锻炼筋骨,运动形体,使肌肉结实,关节灵活,动作敏捷,反应迅速,即所谓"动则不衰,用则不退"。在劳动过程中,大脑必须不断思考和调整行为以期达到最佳的劳动效果,这是劳动可以健体的前提。大学生要以劳健体,在劳动过程中强肌健体、增强体魄,增强自身免疫力,同时塑造良好的个性和心理品质,培养持之以恒、不畏困苦、艰苦奋斗的进取精神和人定胜天、自我振奋的乐观心态。要在劳动教育中实现以劳健体,需做到以下 2 点。

(一) 学科渗透,相互配合

一方面,走出体育课可替代劳动课程的误区。部分人认为运动可以替代劳动,不参与劳动而以运动代替。运动可以促进身体的健康,但认为运动可以完全替代劳动则是错误认识。运动没有对象感,运动的愉悦来自大脑分泌的多巴胺和内啡肽。而劳动者(体力劳动者)在劳作过程中挥动手臂、扬起铁锤或肩挑手提等,其本身不仅包含了运动的基本形式,而且会产生"健康的疲乏",能给人获得感,给人劳动收获的满足。这是自身对象化的确证,是互动的欣喜,是一种身心的满足和快乐。劳动中既有人与人相互协作的合作关系,也有人与自然万事万物的和谐共生关系,这是运动不具备的。

另一方面,重视劳动课程与其他学科之间的密切联系。劳动教育的理论知识和实践技能训练在其他学科知识技能的基础上能够更好地发展;反之,在学习劳动教育的理论知识和实践技能的过程中,也运用、巩固并深化其他学科的知识和技能。例如,心理健康课的知识可以增强学生应对劳动过程中出现的困难与挑战的能力;劳动教育中也蕴含丰富的心理健康教育资源,可以促进心理健康课程的实效。学生对从未参与过的劳动实践可能会恐惧、担心心理;在劳动过程中反复操作仍未能完成某个劳动任务,会产生焦躁心理;当完成某个劳动环节后,学生会产生自满的心理。学生需要在劳动教育过程中矫正这些不健康的心理,从而提高自身的综合素养。

(二) 强度适当,促进健康

劳动创造的成果能使人心情舒畅、精神愉快,提升生活的乐趣,增加对生活的热爱。部分养生学家认为,劳动是最重要的养生方法之一。唐代孙思邈在《千金要方》中记述:

"养生之道,常欲小劳,但莫大疲及强所不能堪耳。且流水不腐,户枢不蠹,以其运动故也。"

不容否认的是,在生产劳动过程中体能的消耗致使身体产生疲累。所以,要把握劳动强度,正确感知身体的"疲劳"程度。一般来说,参加劳动之后所产生的疲劳属于生理性疲劳,是正常的生理现象,只需要补充食物和适当休息即可恢复,这有益于自身的健康。但如果疲劳尚未恢复又继续劳作,持续超过正常的劳动强度或者劳动方式不正确等,容易损害身体健康,甚至"积劳成疾"。因此,劳动要坚持适度原则,注重劳逸结合,以确保身心健康。因此,劳动要坚持适度原则,注重劳逸结合,以确保身心健康。具体做法如下:

一是"小跑步,不停步"。劳技课穿插于每天的校本课程中,排入课表,进入课程体系,使学生习以为常。

二是"小跨步,不松懈"。在劳技课中,体能训练是一项重要内容,构建"劳技课—体能训练—体质增强"的相互呼应的完整链条。

四、以劳育美

以劳育美主要指劳动教育可以涵养符合社会主义核心价值观的审美旨趣。习近平总书记在 2020 年 11 月全国劳动模范和先进工作者表彰大会上强调,要把劳动教育纳入人才培养的全过程,培养一代又一代热爱劳动、勤于劳动、善于劳动的高素质劳动者,强调了劳动的重要性。学生应培养良好的劳动习惯,端正劳动态度,尊重劳动人民,以劳育美、以善为美。

(一)劳动最光荣

习近平总书记指出:"在我们社会主义国家,一切劳动,无论是体力劳动还是脑力劳动,都值得尊重和鼓励;一切创造,无论是个人创造还是集体创造,也都值得尊重和鼓励。"无论时代条件如何变化,我们始终都要崇尚劳动、尊重劳动者,始终重视发挥工人阶级和广大劳动群众的主力军作用。

劳动最光荣,劳动者最美丽。全社会都要以辛勤劳动为荣、以好逸恶劳为耻,拒绝"躺平",尊重劳动、尊重知识、尊重人才、尊重创造,积极投身火热的社会建设实践。

(二)劳动创造美

劳动是最能体现人的本质和审美精神的实践活动。马克思在《1844 年经济学哲学手稿》中提出了"劳动创造了美"的命题,认为自由自觉的劳动才是人类获得幸福的唯一源泉。马克思认为,社会的生产劳动是美和艺术的真正来源。社会的生产劳动过程本身就是美的,因为它能够使人在改造自然物的过程中实现自身目的。正是在改造自然世界的能动的、有目的的生产劳动过程中,人才能真正证明自己是人类,自然界也才表现为人的作品和人的现实。因此,通过能动的、有目的的生产劳动,使人类的生活对象化,人类就不仅能在意识中理智地复现自己,而且还会在现实中能动地复现自己,从而在自己所创造的美和艺术的世界中直观自身。

(三) 劳动传承美

中华民族历来就有热爱劳动的传统美德,劳动人民发扬吃苦耐劳的优秀品质,创造了惊人的财富。劳动实践活动既能锻炼学生的动手能力,也能培养学生勤劳、耐心、感恩、热爱劳动、坚持劳动的品质,使其在实践活动中体会劳动创造的价值,以及劳动给生活、给人生带来的成就感、幸福感和美感。以劳育美,以善为美,善美融合,创造幸福,既促进了学生德、智、体、美、劳全面发展,又传承了中华民族以劳动为美的传统美德。

德智体美劳,每一个方面都有其自身的特点和教育功能。好的教育,不仅关注分数和升学率,更要关注完整的灵魂塑造和坚定的价值追求培养;不仅关注知识和技能堆叠的厚度,更关注意志品质和涵养的高度。要培养一个适应中国现代社会的优秀人才,必须坚持"五育并举",劳动教育与德育、智育、体育、美育相融合的教育方式,促进学生德智体美劳全面发展。

第二节 劳动与专业实践融合

一、以劳精技

(一) 以劳精技是劳动教育的内在要求

劳动精技自古以来就被视为一种古老的传统,不仅体现了人类的智慧,更彰显了追求技精艺湛的精神。以劳精技也是劳动教育的内在要求,马克思主义关于人的全面发展学说就指出要使"教育与生产劳动相结合",而这一理念也是我国一直坚持的社会主义教育方针的重要组成部分。2020年《关于全面加强新时代大中小学劳动教育的意见》强调,劳动教育要"适应科技发展和产业变革,针对劳动新形态,注重新兴技术支撑和社会服务新变化"。由此可见,以劳精技是劳动教育的必然要求。

(二) 以劳精技的基础

1. 以劳动精神助力强技意志

劳动精神教育是劳动教育不可或缺的内容。劳动精神是指个体在从事劳动的过程中形成的为个体所认同与追求的价值取向、思维方式、道德规范和精神气质的总和。吃苦耐劳的奋斗精神、精益求精的工匠精神、甘于奉献的劳模精神是劳动精神教育的核心内容。其中,吃苦耐劳的奋斗精神和精益求精的工匠精神对于精进技艺技能尤为重要。艰苦奋斗是中华民族的光荣传统,也是中国共产党的优良作风,更是劳动精神的底色。

培育大学生劳动精神的首要任务就是培养他们能吃大苦和能耐大劳的品质。精进技艺技能的过程可能充满压力,甚至会遭遇痛苦与挫折,所以需要具备不怕困难,无惧挑战的意志,以及为达目标坚忍不拔、一往无前的拼劲和闯劲;工匠精神是工人阶级的本色,也是新时代劳动精神的本色,精进技艺技能的过程需要耐得住寂寞、经得住诱惑、守得住清贫,工匠精神的熏陶可以帮助大学生强化脚踏实地、潜心钻研的意识,做到专一行精一行。

2. 以劳动实践促强技潜能

劳动教育是一门集理论、实践与技能于一体的课程。在大众生活水平提升的背景下,很多大学生没有参加过繁重的体力劳动,少数甚至过着衣来伸手、饭来张口的生活,缺少实际的生产生活历练,生产生活技能相对缺乏。劳动实践一方面可以促使其在掌握生活技能的基础上提升分析、处理问题的能力,另一方面可以切实为技能型人才的培养奠定基础。相较于专业实践,劳动教育实践侧重培养学生"具备满足生存发展需要的基本劳动能力",而这一基本的共通能力也是专业技能精进的基础。伴随社会分工的日益精细化以及产业结构的升级转型,加之以人工智能、大数据、云计算等数字技术为支撑的新产业、新业态、新模式的迅速发展,社会对劳动者劳动技能的要求也出现新特点、新要求,需要劳动者具备自主劳动、智慧劳动和创新劳动能力。而劳动教育培育的共同能力能为这些能力尤其是智慧劳动以及创新劳动能力的习得、提升奠定基础。所以,劳动教育有利于培养大学生以智慧型劳动者的姿态应对群智开放的趋势,并展现自己的劳动技能。

(三)以劳精技的重点实施路径

劳动教育是一项长期而又复杂的工程,要发挥以劳精技的作用,需要顶层设计、校园劳动文化氛围的营造、课程体系的设置、实践平台的拓展等,在此主要从具体实施的角度介绍两条重点路径。

1. 完善劳动教育课程体系

劳动教育是一门综合性的课程,不仅要有专门课程、特定活动,更应结合学校资源、当地政治经济文化特点以及专业特色设置融合劳动理论课程、劳动教育实践课程和专业课课程,构建"大劳动"育人的大格局。在教学活动和社会实践中,要吸纳人工智能、数字技术、劳动规范等相关内容,为培养青年学生的创造性劳动能力做足准备。

2. 充分利用校内外资源

一是充分利用学校自有资源,例如,条件较好的学校可以建设校内外劳动教育基地,条件不足则可以充分利用校园、实验室、图书馆、食堂、学生公寓、周边小区等,为学生提供开展劳动教育的机会;二是结合专业学习,联合校外企业开展劳动教育,本着互利共赢的理念,把教育和生产劳动有机融合,科学、合理、有效地安排学生到相应企业中进行实习实践;三是积极与其他高校合作,实现优势互补,共同为学生打造劳动教育基地。

二、以劳育才

劳动在人才培养的过程中发挥着重要的育人功能。2018 年,习近平总书记更是在全国教育大会上强调了新时代弘扬劳动精神的重要意义。高等职业教育承担着培养高技术技能型人才的重要任务,将劳动育人贯穿教育教学全过程,是人才培养的题中应有之义,也是国家发展和民族复兴的时代诉求。

(一) 以劳育才的内涵

劳动是一种社会性活动。马克思以劳动为起点,指出人能够"通过实践创造对象世界,改造无机界"。以劳育才,就是指建立起以劳动为基础的精神信仰,通过参与社会实践了解社会发展,不断完善自我,以充分实现个人价值。

(二) 以劳育才的意义

新时代承载新使命,新使命呼唤新精神。当前世界正处在百年未有之大变局,我国的发展也正处在难得的历史机遇期,比历史上任何时期都更加接近也更有能力实现中华民族伟大复兴。在广大青年学生中积极开展劳动教育,才能培育他们艰苦奋斗与拼搏创新的劳动精神,才能引导他们将个人小我与时代使命有机统一,在实现人生社会价值的过程中彰显个人理想追求。

1. 有利于强化新时代大学生对实现民族复兴的使命追求

实现中华民族伟大复兴,必须依靠知识,必须依靠劳动,必须依靠青年。大学生是国家未来的建设者和接班人,是时代进步的引领者,必须具有强烈的担当精神,才能肩负起时代使命。而高校开展的劳动教育可以培育学生劳动精神和正确的劳动价值理念;可以塑造学生敢于担当、乐于担当和自觉担当的优秀品质;可以培育大学生增强民族自豪感,笃信劳动承载中国梦、劳动创造幸福和价值的人生梦想,从而增强大学生的底气和信心,为大学生肩负起国家和民族复兴使命打下坚实的思想基础。

2. 有利于传承弘扬中华民族优良的劳动传统

大学阶段是青年学生价值观养成的关键阶段。高校开展劳动教育,不仅可以帮助广大学生深刻了解和学习中华民族优良的劳动传统,也为大学生在实践中感悟劳动的独特魅力和劳动成果的来之不易等提供现实途径,从而引导大学生勇于走到基层,锤炼本领,奉献力量。

3. 有利于为高校落实立德树人根本任务提供路径支撑

高校作为国家人才培养的主要阵地,必须旗帜鲜明地回答好"为谁培养人、培养什么样的人以及怎样培养人"这一根本问题,必须一以贯之地坚守好为党育人和为国育才的政治立场。因此,站在新的历史起点上,高校必须要以积极务实的育人举措全面落实党的育人方针,在德、智、体、美、劳5个教育维度中,积极探索以劳动教育为牵引的育人体系,发挥劳动教育贯穿"五育"的功能,切实补齐大学原有教育体系中存在的"少体、弱美、缺劳"的短板,提升大学生的实践动手能力和素养,为高校立体式落实立德树人根本任务提供路径支撑。

在高职教育中全面落实以劳育才,要充分考虑新时代人才培养的特殊性和劳动发展的新特点、新趋势、新形态,开展系统的集思想、技能与实践于一体的劳动教育,全面提升学生的劳动认知和素养。一方面,劳动教育应作为高技能人才培养的重要组成部分,强化包括劳动价值、劳动情感、劳动权益等在内的素养养成,开设劳动教育独立课程,研究其与专业教育深度融合的多种形式,探索形成与之相适应的成熟科学的课程教学体系。另一方面,劳动教育应以全面提升劳动素养为根本着眼点,充分发挥好其树德、增智、健体、育美、创新的综合育人价值,将之贯穿劳动思想教育、劳动技能培育和劳动实践锻炼的全过程。

在劳动教育形态上,充分强调德育属性、智育价值和体力认知,合理安排理论学习、实践训练与岗位体验,将劳动教育融入思政教育、专业教育、双创教育、顶岗实习、职业规划、社会实践、校企合作等不同环节中。以劳育才是一个重要的原则,是培养人才的重要手段。青年大学生要在劳动学习中树立正确的劳动价值观,加强自身的知识储备,提高自身能力,做新时代的有为青年。

拓展阅读

传承蛋雕技艺,成就多彩人生

黄扬隆是福州职业技术学院特殊教育系的毕业生,现留校担任实训指导老师。虽然因为小时候的一场意外丧失了听力,但他从不言弃,通过传承蛋雕技艺,成就多彩人生。

2016年,黄扬隆与蛋雕这项非遗技艺结缘,他带领听障学生在无声的世界里,雕刻自己的梦想与未来。2017年,黄扬隆带领听障学生成立了文化创意手工工作坊,培养了蛋雕技艺传承人和蛋雕爱好者100多人。在学生们的心中,虽然学习蛋雕的过程非常艰苦,但却充满快乐,他们也从自卑变得自信,相信只要努力就能创造希望。

黄扬隆说,在0.3毫米厚的蛋壳上雕刻,十分考验耐心和细心,要完成一个精美的蛋雕艺术品,需要经历无数次的失败和探索。雕刻蛋壳必须专注,掌握好力度以及雕刀和蛋壳接触面的角度,万一某一个点上受力不均匀,蛋壳就会碎掉。

2017年,黄扬隆的作品《清新福建,我爱我家》作为全国高校唯一参展的实物作品参加"砥砺奋进的五年"大型成就展。2021年,其作品入选"奋进新时代"主题成就展。此外,他的作品还参加了中华职业教育社成立一百周年成果展、海峡两岸创意作品展等,多次获得省级以上文化创意作品评选金奖,创业项目"精刻蛋雕"获第七届"互联网+"大学生创新创业大赛省赛金奖、国赛铜奖。他本人也被评为福建省创业之星标兵。

不怕困难吃苦耐劳的劳动精神、追求卓越精益求精的工匠精神、自尊自立自信自强的奋斗精神、敢闯会创的创业精神,在黄杨隆身上得到集中体现。他始终坚信,"只有听不到,没有做不到",为梦想而奋斗,即使生活在无声世界中,也一样能成就多彩人生。

无声的力量:特教文化创意手工工作坊

第三节　劳动教育与三创教育融合

一、三创概述

三创是指创新、创业和创意,它是对现代社会创新经济与文化发展的新型概括。创新是现代经济和社会发展的关键所在,创业是创新经济发展模式的基础,创意则是创新和创业的原动力。

(一)三创的内涵

1. 创新

创新是指利用知识、技术、资源等,在现有体制和方法的基础上,提出全新的、独特的理念或者业务模式以解决现实生活和商业问题的能力。在现代化社会中,创新是推动经济和社会发展的关键,因此,政府、企业、团体和个人越来越重视创新。

我国大力推动供给侧结构性改革,促进企业转型升级,将推动创新驱动发展作为工作重心。同时,我国创新创业的基础条件也在不断改善,全社会对于创新的认知和接受度不断提高。

2. 创业

创业是指创办新企业,或以自主创新和创造性的方式发展企业的过程。它是市场经济体制下的一种竞争行为,也是现代化发展的基础。目前,政府部门、各级团体和企业等都在鼓励和支持创业,以促进中国经济的转型升级。

3. 创意

创意是指独特、新颖且有实际价值的想法或者思维方式。发展创意产业已经成为诸多国家的国家战略,如英国、韩国等。而在中国,创意产业在政府和市场的推动下获得了迅速的发展。

创意产业在文化、传媒、通信、信息技术、知识产权、设计、广告等领域中兴起,藏品、文创、美食等各类创意产品的出现掀起了一场新的经济浪潮。

(二)三创的意义

创新、创业、创意三者当中,创新相当于三创的灵魂,创业相当于三创的翅膀,而创意则是展现三创的外形。

三创对于一个国家或者一个企业来说,不仅仅是在短时间内获得盈利,更是为未来的竞争储备了可持续的核心竞争力。在三创的推动下,企业可以更好地适应新的市场环境,从而更好地实现企业战略目标。

在新的技术革命和产业结构调整的背景下,三创的核心竞争力也需要不断进行升级和创新。创新驱动发展,大众创业、万众创新等理念成为经济发展的新焦点,创新、创业、创意的融合将会带动文化创意产业、生物医药产业等多个领域的创新发展。

二、劳动与三创教育融合的意义

(一)以劳促创

1. 以劳促创的现实必要性

以劳促创

2020年,中共中央、国务院印发的《关于全面加强新时代大中小学劳动教育的意见》明确要求新时代高校劳动教育内容应"注重围绕创新创业",提升学生的"就业创业能力"。2020年,教育部印发的《大中小学劳动教育指导纲要(试行)》进一步强调,高校劳动教育要重视引导学生"参加创新创业活动"。这两份文件充分说明了国家日益重视高校劳动教育

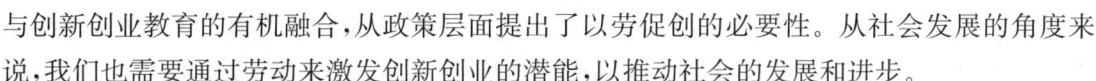

与创新创业教育的有机融合,从政策层面提出了以劳促创的必要性。从社会发展的角度来说,我们也需要通过劳动来激发创新创业的潜能,以推动社会的发展和进步。

2. 以劳促创的内在逻辑

(1) 劳动是创新创业的基础

劳动是创新创业的最基本元素之一,因为所有的产品和服务都需要通过劳动来实现。在劳动过程中,人们需要不断思考和探索,才能开发出新的技术和产品,从而促进创新和创业的发展。

(2) 劳动是提升创新创业精神的催化剂

劳动可以促进创新创业精神的培养。在劳动中,人们需要克服各种困难和挑战,这需要创新创业精神。人们需要不断挑战自己的能力和技能极限,不断追求卓越,才能在劳动中获得成就感和满足感。这种精神可以激励人们不断尝试新的想法和方法,推动创新创业的发展。

(3) 劳动有利于培养创新创业能力

在劳动中,人们需要不断学习和掌握新的技能和知识,这可以培养人们的创新创业能力。通过劳动,人们可以掌握各种技能和经验,不断提高自己的能力和素质,从而在创新创业中取得更大的成功。例如,很多高职院校以国家大力推进的"大众创业、万众创新"为契机,加强创业技能培养。高校每年举办职业技能大赛活动,各专业指导教师带领学生参加,在技能比赛中不断提高学生的创新能力。同时积极组织学生参加大学生"互联网+"大赛、"挑战杯"、"创青春"中国青年创新创业大赛、大学生职业规划大赛等,邀请校外专家到校开设讲座,开展项目辅导等,增强学生劳动的意识,培养学生的创新意识,加强对学生创业技能的培养。

(4) 劳动有助于发现并创造机会

在劳动中,人们可以发现各种待解决的问题,这可以成为创新和创业的机会。人们可以通过自己的劳动,发现市场需求和创新方向,从而为创业提供更多的机会,人们也可以获得各种资源和支持,这可以帮助人们实现创新和创业。例如,学生可以通过劳动获得资金、技术、市场和人脉等资源,为创新创业提供更加坚实的支持。

劳动与创新创业之间有着密切的关系。劳动可以促进创新创业的发展,提高学生创新创业的能力,为社会的发展作出更大的贡献。而劳动所带来的不仅是物质上的回报,更重要的是精神上的满足感和成就感,这可以激励人们不断追求创新创业的新目标。

(二) 以劳促赛

随着我国经济和教育的发展,社会竞争越来越激烈,为了在众多的竞争者中脱颖而出,学生需要不断努力,以期获得成功。竞赛可以帮助学生提高实践能力和专业水平,增强学生的自信心及合作精神。比赛不仅是一种竞争,更是一种劳动的方式,能够促进学生创新创业意识和职业技能的提高。

在这个时代,创新创业已经成为人们追求的一种生活方式。创新创业比赛就是一个展示自己的舞台,它能够让我们向外界展示自己的创新能力和商业实践能力,同时也能够获得更多的机会和资源。比赛的经历可以锤炼我们的勇气、判断力、决策力、团队合作精神、应变能力等多方面的素质,使我们在未来的创新创业道路上更具优势。当前,中国国际"互联网+"大学生创新创业大赛是最主要的一项双创大赛。大赛的主要目标是以赛促学,培养创新创业生力军;以赛促教,探索素质教育新途径;以赛促创,搭建成果转化新平台。大赛已成为国内教育领域影响力最大、参与面最广的一项赛事,每年有超过300万个项目、1 000万人参与大赛。大赛有效激发了全社会创新创业创造动能,促进了高校创新成果转化应用,服务了国家创新发展,提升了新时代中国高等教育的创造力。

职业技能大赛也是一个非常重要的比赛。职业技能大赛是全面提升我国职业教育和人才培养质量,推动建设世界职业教育强国的一项重要举措,能够促进参赛选手的技能和创新思维提升。在参加比赛的过程中,选手需要发挥自己的优势,同时也需要不断学习和提升自己,通过劳动提高自己的能力和素质,不断探索新的领域,发现新的机会。

比赛不仅是一种竞争,更是一种劳动的方式。通过劳动,我们可以促进自己的创新创业意识和职业技能的提高,也可以为社会作出更多的贡献。同时,比赛也是一个学习和交流的平台。我们可以在比赛中结识各方面人才,交流创新创业的思路和经验,共同探讨职业技能的提高和创新的发展。通过比赛,我们可以了解不同地区、不同领域的发展现状和趋势,为自己的职业生涯规划提供更多的思路和方向。

在这个竞争激烈、变革迅速的时代,以劳促赛已经成为创新创业和职业技能提升的重要方式。我们应在三创通识教育课程"创新创业教育"和"职业生涯与发展规划"中渗透劳动精神的价值观教育,使劳动精神所蕴含的课程资源和创新创业教育相耦合。

劳动精神作为一种时代精神,已成为推动经济发展的重要动力,也是高校落实立德树人根本任务的重要组成部分。学校应将劳动精神融入课程培养体系、创新创业训练和创新创业大赛,培养学生的创新创业精神,检验学生的创新创业能力,从而促进学生综合素质的提升,丰富劳动精神的时代内涵。将劳动精神与创新创业有机结合,有助于增强学生的就业竞争力,提高学生的创新创业能力,培养学生吃苦耐劳的品质,实现以劳促赛,劳创互促。

三、创新劳动

创新劳动是相对于常规劳动而言的,指突破常规劳动的思维方式、生产方式、组织方式,创造和运用全新的思维观念、科技知识、工艺设计、方式方法所进行的创造性劳动。

(一)创新劳动的意义

1. 创新劳动有助于深化对马克思主义劳动价值理论的认识

马克思在阐述价值的本质与源泉时,将劳动划分为具体劳动与抽象劳动,并明确指出具体劳动创造了商品的使用价值,而抽象劳动则构成了商品价值的基础。他深刻揭示了劳动的二重性原理,进而构建了科学的劳动价值理论。在当前社会实践中,我们不仅需要准确回答何种劳动更能创造价值,还需详细阐述不同形态的劳动在价值创造过程中的特定作用。因此,有必要将劳动细分为创新劳动与常规劳动,以便进行更为深入的研究。

2. 创新劳动涉及生活的各个方面

创新劳动这一概念虽源于经济学的界定、研究与应用,但实则历经了持续的发展过程。除了经济学领域,社会学、科技哲学、劳动科学等其他学科,乃至日常用语,均赋予了创新劳动更为丰富的内涵。鉴于创新劳动已深入社会生活的各个层面,从哲学的视角出发,对创新劳动的概念进行提炼,并明确创新劳动的范畴,就显得尤为必要。

3. 创新劳动已成为一种普遍的劳动形态,且逐渐成为主导形态

近数十年来,社会经历了前所未有的深刻变革,其中,知识经济的崛起尤为显著。知识经济的核心在于创新,包括知识创新、技术创新、管理创新、制度创新等方面,这些创新现象已经成为知识经济的重要组成部分,并对社会政治、经济、文化的发展产生了深远影响。创新劳动作为一种劳动形态,在社会总劳动中的比重日益增加,并逐渐取得主导地位。若将创新劳动简单地等同于复杂劳动,则众多经济现象将难以获得科学的诠释和深入的分析。

(二)创新劳动与其他劳动的区别

1. 创新劳动、创意劳动和精神劳动

创意劳动指的是面对新问题,在知识积累的基础上运用创造性思维,创造事物全新结合方式的活动,是艺术化思维加理性化执行的创意性活动。创造性思维的运用及其主导地位是创意劳动区别于其他劳动的核心要素。

创意劳动虽然是在知识积累的基础上进行的,但其创意常常是天马行空的,创意的结果和过程不一定能够准确面向商业应用,因此创意劳动的风险较大。创新劳动则具有较强的确定性。创新更需要执行力和制度的保障,包含研究和实践的过程。创新源于创意,但高于创意。创意侧重出发点,创新注重结果。创意是创新的起点,创意通过创新达到自己的目标,并在创新过程中升华、提炼,乃至产生更高级的创意。创新是创意的延展,是实现创意必不可少的手段。

精神劳动生产的精神产品主要是指劳动者在科学、技术、教育、文化、艺术、卫生、体育、信息咨询、中介服务等领域以脑力劳动为主所提供的智力成果。创意劳动与精神劳动之间最大的区别体现在:通常情况下,精神劳动是相对于物质劳动而言的,一般将其理解为一种生产意识形态和观念的纯精神意义上的活动,在社会生产中提供思想、观念、文化等精神消费品来满足人们的需要;创意劳动则是一个新兴经济体的核心活动,人们对创意劳动的研究还局限于创意产业发展和创意经济运行过程中已取得的成就和规律的总结。

创新劳动、创意劳动和精神劳动三者的共同点如下:首先,三者生产的都是知识商品,都属于脑力劳动的范畴,具有创造性劳动的特征;其次,三者都属于高级或超高级的复杂劳动,都是高附加值劳动,创造价值的能力较强;最后,三者对于社会生产力的发展和社会进步具有较大的推动作用。

2. 创新劳动和脑力劳动

脑力劳动与体力劳动虽统一于现实生活的劳作之中,但脑力劳动的内涵更为丰富与复杂,其对经济发展的推动作用亦不容忽视。脑力劳动涵盖以下4个主要类型:一是创造知识的脑力劳动,它通过科学思维与抽象理论,将人们在实践中积累的经验与认识由感性提升至理性层面;二是传授与转移知识的脑力劳动,它旨在将少数人掌握的系统理论知识或专门技能,通过多元化的途径与方式传播至更广泛的人群;三是应用知识的脑力劳动,即将理论知识转化为应用技术,实现科学知识由理论知识形态向实物形态的转化;四是运用知识进行管理的脑力劳动,即依托科学理论与方法以及物质技术手段,从宏观与微观、政治与经济等多维度进行管理活动。

从劳动的创新性与重复性,以及劳动者的劳动量与劳动成果之间的关系来看,劳动可被划分为两大类型:一是常规的、重复的劳动,其劳动量与劳动成果呈正比例关系,包括但不限于一般管理劳动、教育劳动、艺术劳动、科技劳动、医疗卫生劳动等;二是创新劳动,此类劳动所创造的价值并不与劳动量成正比,其成果具有不确定性,如发现新规律、获取新知识、创造新方法等均属于此范畴。显然,创新劳动中包含大量的脑力劳动,同时,诸多脑力劳动亦属于创新劳动,或包含大量创新元素。然而,并非所有脑力劳动均为创新劳动,亦非所有创新劳动均源于脑力劳动。

3. 创新劳动和科技劳动

科技劳动作为一种特殊的复杂劳动,特指科技工作者依托其深厚的科技知识,致力于创造物质与精神产品的活动。科技工作者凭借自身的智力储备,结合所掌握的技能与信息,对现有生产工具、技术工艺流程进行革新,进而提升劳动对象、劳动工具、劳动产品的价值,最终实现技术革新、经济繁荣与社会进步的目标。

科技劳动的核心追求在于新突破、新知识、新规律与新技术的获取,这构成了其本质属性。若缺失了这一点,科技劳动将失去其存在的意义。因此,科技劳动在某种程度上包含创新劳动的要素。然而,其创新含量因具体劳动类型的不同而有所差异。例如,原创性及具有科技革命性质的科技劳动创新含量较高,而技术改进性的科技劳动则创新含量相对较低。因此,我们不能简单地将科技劳动等同于创新劳动。

此外,并非所有创新劳动都属于科技劳动范畴,如创新性的服务劳动、管理劳动、教育劳动等,虽具备创新特性,但并非科技劳动。同时,也并非所有科技劳动均蕴含创新要素。创新劳动是脑力与体力劳动的交融,科技劳动是创新劳动与常规劳动的有机结合,且以创新劳动为主导。

四、创新素养

(一)创新精神

创新精神是指能够综合运用已有的知识、信息、技能和方法,提出新方法、新观点的精神,是一种勇于抛弃旧思想旧事物、创立新思想新事物的精神。创新精神是个体或集体在追求创新、探索未知、超越现状的过程中所持有的核心信念和动力源泉。它不仅是一种思维状态,更是一种持续不断追求创新、勇于突破、敢于尝试的行动态度。

1. 创新精神的内涵

创新精神是一个国家和民族发展的不竭动力,也是现代人应该具备的素质。对国家而言,创新是引领发展的第一动力。一个民族要想走在时代前列,成为时代的引领者,就需要时刻保持创新思维,时刻保持创新。在各领域进行创新,必须具备创新思维,冲破思想禁锢,突破原有行为模式,以新的理念、新的方法和新的路径解决问题,打开新的局面。

创新精神作为科学精神的重要组成部分,与其他科学精神要素并非相互排斥,而是相互补充、有机统一的。创新精神的核心在于敢于摈弃陈旧观念,创立新颖思想,但这一过程必须严格遵循客观规律。只有当创新精神与客观需求、客观规律相契合时,方能成功转化为创新成果,进而推动社会进步。

同时,创新精神所倡导的新颖独特并非毫无边界,而是受到道德、价值和审美观念的约束。它鼓励独立思考,避免盲从,但并不意味着排斥他人的意见或陷入孤芳自赏、固执己见的境地。相反,团结合作、相互交流是当代创新活动不可或缺的要素。

此外,创新精神鼓励大胆尝试,不畏错误,因为错误认知在科学探究过程中是难以避免的,但并不鼓励无目的的犯错。同时,创新精神倡导对书本和权威的质疑,但并不反对学习前人的经验,因为任何创新都是在前人成就的基础上进行的。质疑应当基于事实和深入的思考,而非无根据的虚无主义怀疑。因此,对于创新精神的理解和应用,应当采取全面、辩证的观点,以确保其科学性和有效性。

2. 创新精神的特征

(1) 突破性

创新精神鼓励人们不满足于现有的成就和状态,而是勇于挑战自我,勇于探索未知的领域。创新精神要求人们敢于跳出传统的思维框架,摆脱固有的模式束缚,提出新的想法和观点,以全新的视角和思路去审视问题,寻找更加高效、创新的解决方案。

(2) 独立性

创新精神强调个体在思考和判断时,应该保持独立性和自主性,不盲目跟从他人或迷信权威。创新精神要求人们具备批判性思维,敢于对既有的理论和观点进行质疑和挑战,探索新的规律和新的理论。通过独立思考和大胆质疑,人们可以更加深刻地理解问题,发现问题的本质和根源,从而提出更加科学、合理的解决方案。

(3) 协作性

创新精神虽然强调独立思考和大胆质疑,但并不排斥与他人的合作与交流。相反,它强调开放包容、团结协作。在创新过程中,人们需要与他人分享想法、交流经验、共同探索。这种开放包容的态度可以激发更多的创新灵感和思路,促进不同思想之间的碰撞和融合。通过团队协作,人们可以集思广益、互相支持、共同克服困难,从而实现创新的突破和成果的产生。

(二) 创新意识

在现实生活中,创新往往带有偶然性,给人一种可遇而不可求的感觉。其实创新并不是偶然的,尽管创新需要机遇,但是为什么有些人能够抓住机遇,而有些人只能看着机遇从眼前白白溜走? 其中最重要的因素就是是否具有创新意识。

1. 创新意识的内涵

创新意识是创新活动的起点和前提,离开了创新意识,一切创新活动都将无从谈起。创新意识是指人们对创新与创新的价值、重要性的认识水平、认识程度及由此形成的对待创新的态度,并以这种态度来规范和调整自己的活动方向的一种稳定的精神形态。创新意识总是代表一定社会主体奋斗的明确目标和价值指向,是一定社会主体产生稳定、持久的创新需要、价值追求、理性自觉的驱动力量,是唤醒、激励和发挥人所蕴含的潜能的重要精神力量。

创新意识是人类意识活动的一种积极的、富有成果的表现形式,是人们进行创造性活动的出发点和内在动力,是创造性思维和创造力的前提。

2. 创新意识的特征

(1) 新颖性

创新意识或是为了满足新的社会需求,或是用新的方式更好地满足原来的社会需求。创新意识要求人们打破传统思维框架,以全新的视角和思路审视问题,要求人们创造出前所未有的新产品、新技术、新服务或新理论。

(2) 社会历史性

创新意识以提高物质生活水平和精神生活水平为出发点,又深受具体的社会历史条件制约。在封建社会里,创新意识受阶级性和封建道德观的影响与制约。人们由创新意识激起的创造活动和产生的创造成果,应为人类进步和社会发展服务;创新意识必须考虑社会效益。

(3) 个体差异性

不同个体在面临问题和挑战时,会展现出不同的创新意识和创新倾向。这种差异受到个体的性格、兴趣、经验、文化背景等多种因素的影响。因此,不同的个体激发创新意识的方式和途径是不同的。有些人可能更容易受到外部刺激和激励的影响,如奖励、竞争等,而另一些人则可能更注重内部动机的驱动,如兴趣、好奇心等。因此,在培养创新意识时,需要考虑到不同个体的需求和特点,采用多样化的方法和手段来激发他们的创新意识。

(三) 创新思维

重视创新思维是马克思主义的优良传统。马克思、恩格斯特别重视创新,他们曾经指出,"全部问题都在于使现存世界革命化,实际地反对并改变现存的事物"。也就是说,马克思主义者要依据实践的变化分析问题、解决问题,进而推动人们的思维"按照人如何学会改变自然界而发展",最终实现思维创新。

1. 创新思维的内涵

创新思维是人类思维的高级形态,在人类社会生活的一切领域都发挥着非常重要的作用。创新思维是一种顿悟，人类早期的创新思维研究是与发明、发现、设计、写作、绘画、雕塑、作曲等创造性实践活动联系在一起的，因此，这一时期的大部分研究成果是通过对艺术家、科学家和技术革新者的工作进行分析而获得的。分析结果表明，运用创新思维的过程就是人顿悟的过程。

顿悟又称灵感式的洞见，是指人们在认识某一事物或思考某一问题，百思而不得其解的时候，由于某种偶然因素的启发，创新的答案突然在头脑中产生，这个思维过程便是顿悟。例如，阿基米德在躺进浴盆，看见水溢出浴盆的瞬间顿悟出浮力原理等。

然而，创新没有捷径。只有牢固树立创新意识，不断思考，才能在一次次顿悟中培养出创新思维。

2. 创新思维的特征

（1）普遍性

创新思维并非个别天才的特质，而是每个人都潜在具备的能力。在学习、工作、生产、商业活动、家庭管理、政府决策等各个领域中，创新思维均被广泛应用以解决问题。

（2）灵活性

创新思维并非遵循传统思维的固定路径，而是勇于突破常规，质疑和挑战既有的理论与做法。它不受特定思维方式的束缚，能够灵活转换和运用各种思维方式，包括抽象思维、形象思维、发散思维、聚合思维、逻辑思维，以及非逻辑思维（如直觉和灵感）等，从而从多角度和多途径解决问题。

（3）实践性

创新思维要求人们投入大量的脑力劳动，并非轻易可得。它建立在丰富的实践经验之上，往往需要经历长期的探索与多次的挫折才能取得成果。同时，培养创新思维也需要经过长期的知识积累和实践磨砺，充分发挥个体的主观能动性。此外，创新思维需要广泛获取外界信息，如观察、收集资料、交流思想等，通过信息的交换和反馈，汲取营养并可能直接获得解决问题的灵感。

（4）价值性

创新思维的成果具有独创性和新颖性，能够转化为知识、信息、技术、产品等，并产生巨大的价值和社会意义，甚至推动生产力的变革。然而，运用创新思维创造的价值并非一劳永逸，若缺乏持续的创新，既有成果的价值可能贬值，甚至被更具价值的创新成果所取代。

（5）导向性

习近平总书记明确指出："问题是创新的起点，也是创新的动力源。"这强调了创新思维以问题为导向，具备强烈的问题意识。推动创新必须坚持以问题为导向，通过发现问题、筛选问题、研究问题和解决问题，不断推动社会发展和进步。

创新思维是人的创新能力的核心与关键，运用创新思维的一般规律为先发散后集中，最终解决问题。创新能力与创新思维紧密相连，创新思维是创新活动的灵魂和核心，没有创新思维就没有创新活动。

(四) 创新能力

创新能力是指在各种实践活动领域中，个体或团队不断提供具有经济价值、社会价值、生态价值的新思想、新理论、新方法和新发明的能力。创新能力不仅要求个体或团队具备丰富的知识和经验，还需要他们具备独特的思维方式和创新精神，能够不断突破传统思维模式和常规做法，提出新颖、独特的想法和解决方案。

1. 创新能力的内涵

创新能力是一种思考问题、解决问题的独特方式，能够帮助人们以全新的方式看待问题。它要求个体或团队具备开放、包容、勇于探索的精神，不断尝试新的可能性，挑战传统观念和既有模式。创新能力能够帮助人们发现新的机会、创造新的价值，从而推动社会和经济的发展。这种价值不仅体现在经济效益上，还体现在社会效益和生态效益上。创新能力产生的结果通常都是独特的，是其他人无法轻易复制的。这种独特不仅体现在创新成果上，还体现在创新过程中个体或团队的独特思维方式和创新方法上。

2. 创新能力的特征

（1）综合性

创新能力是在创新实践中所体现出的多元创新能力的总和。其中，创新思维居于核心地位，它要求个体具备自我革新的意识、预测未来趋势的能力、灵活应对变化的本领、高效处理信息的技巧、组织协调的素养，以及精准的语言沟通表达能力。创新能力正是由这些能力有机整合所形成，而每个人在这些能力上的发展均有差异，这种差异正是各行各业创造性人才得以涌现的基础。

（2）可塑性

创新能力并非天生具备，亦非一成不变，它能够通过系统的教育、专业的训练、不断的实践得以持续激发与培养。人人皆可为创新者，时时皆可创新，处处皆有创新之可能。环境作为创新能力形成与提升的关键因素，其优劣将直接影响个体创新能力发展的速度与水平。

3. 创新能力的影响因素

（1）遗传素质

遗传素质是创新能力的生物学基础和必要的物质基础。它潜在地决定了个体创新能力未来发展的类型、速度和水平。遗传素质又称天赋、禀赋或天资，是指个体先天遗传的生理特征，主要包括脑和神经系统的结构与功能特性、感觉器官和运动器官的机能、身体的结构和机能等。特别是大脑，它是创新能力发展的核心载体。因此，在培养创新能力时，首先应尊重遗传规律。然而，事实也表明，一些杰出人才的遗传素质与常人并无显著区别，故遗传素质并非唯一决定因素，我们应秉持"承认天赋，但非唯天赋"的观点。

（2）外部环境

外部环境是因素创新能力形成的另一关键因素。环境的优劣直接影响个体创新能力发展的速度和水平。作为社会个体，人的创新实践无法脱离环境而独立进行，必然受到环境的深刻影响。正如马克思所说："人创造环境，同样环境也创造人。"环境包括自然环境和社会环境,其中,社会环境涵盖家庭、学校、社会等多个层面。

(3) 实践

实践是提升创新能力的唯一途径,也是衡量创新能力水平和创新活动成果的重要标准,它是影响创新能力形成的第三因素。创新能力只有在创新实践中才能得以发挥,实践是将创新想法转化为现实成果的唯一平台。

五、构建多元融合的劳动教育

(一) 完善多元融合的劳动教育的顶层设计

1. 组建领导团队

学校应建立一支由校级领导、中层干部、班主任、家长、校外辅导员和第三方教育服务人员组成的劳动教育工作团队。为了保障劳动教育实施的可持续性,学校应把多元融合的劳动教育作为学校高质量发展的重要项目。

2. 明确教育方向

第一,以情感态度、价值观为导。引导学生在劳动实践中寻找生命存在的价值和乐趣,培养学生对劳动的热爱。

第二,以参与体验为要。引导学生在真实的劳动体验中学会交往、学会关心、学会担责,锤炼勤劳善良、智慧坚毅、乐于担当的品格,在活动中成长,在劳动中收获。

第三,以知识技能为道。引导学生在劳动实践中探究合作、自主学习,学习劳动知识,提高劳动能力。

(二) 整合多元融合的劳动教育的优质资源

1. 整合课程资源,拓宽劳动实践的路径

学校应秉承"育人活动化,活动课程化,课程多元化"的教学理念,从品德教育、劳动实践、自然科学、健康审美四大方面,定制具有特色的校本课程,如茶艺、扎染等。

结合学生不同的生活背景和兴趣爱好,以种植、劳具制作、钉纽扣、制作调光小台灯等活动为载体,鼓励学生积极参与劳动实践活动课程,掌握必需的、基本的劳动知识,学会使用常见的劳动工具,体验生产劳动带来的快乐,掌握基本的劳动技能。

2. 整合主题活动资源,扩大劳动实践的场域

学校应定期开展"劳动美""劳动最光荣"等主题教育活动,在既定时间开展专项活动,将"劳动最光荣"的观念融入日常,教育引导学生养成热爱劳动的习惯,树立"幸福都是奋斗出来的"思想,使其立志成为勤于劳动、善于劳动的高素质劳动者。

3. 整合特色活动资源,营造劳动实践的氛围

学校应积极开展关于劳动主题的展演,通过歌舞、诵读、书画等形式,深化"劳动最光荣"这一精神内涵,营造"以劳动为荣"的文化氛围,形成崇尚劳动、赞美劳动的校园风尚。

(三) 形成家校社协同的劳动教育共同体

劳动教育存在于学生生活的家庭、学校和社会空间,只有三方联动、密切合作,共同营造良好的劳动教育氛围,形成家校社协同的劳动教育共同体,才能实现劳动教育独特的价值和功能。家庭是基础,重在开展日常生活自理、自助和自我生活管理劳动,重在培养学生的基本生活技能和良好的劳动习惯,体现劳动教育的日常性、连续性和生活化。如寒暑假期间,家长可与孩子一同做饭、种植盆栽等,鼓励孩子积极参与和分担家务,培养孩子的生活能力和家庭责任感,也可以通过学习智能家电的原理与使用方法,对孩子进行科学教育。学校是主导,学校重在有目的、有计划地培养学生的劳动能力,让学生掌握劳动知识,塑造学生的基本劳动品质,体现劳动教育的系统性、规范性和制度化。社会要支持,在政府统筹下,积极调动社会力量,发挥区域资源优势,对劳动资源进行整合、重组,以充足的社会劳动资源支撑和保障育人目标的实现,使劳动教育贯通课堂内外、校园内外,让学生从课堂走入真实生活,解决生活中的真实问题,感受劳动价值。

拓展阅读

福州职业技术学院全融合劳动教育课程的探索与实践

1. 全融合劳动教育的整体思考

新时期的劳动教育具有树德、增智、强体、育美的多元价值,劳动课程目标也体现了综合性的教育追求,因此,劳动课程应融合多种学科元素,融合家庭、学校、社会的多方努力。学校将全融合劳动教育课程定义为:教师根据具体学科课程内容、学生发展水平和教学方法,结合学校特色文化,灵活地将劳动教育与德育、智育、体育、美育相融合,以此深化学生对知识的理解,培育学生的劳动精神,强化学生的劳动意识,使学生树立良好劳动价值观。全融合劳动教育课程的目标在于让学生热爱劳动,塑造以劳动为荣的价值认知品格,并使学生掌握基础技术技能性知识,具备良好的劳动与技术素养。学校从立德树人根本任务出发,遵循不同学段学生的认知水平和身心发展规律,将学校劳动教育与德育、智育、体育、美育相融合,统筹设计"劳动教育+融合课程体系"的目标、内容、方法和评价指标,以打造目标明确、上下衔接、重点突出、协同推进的课程架构。

2. 全融合劳动教育的课程目标

(1) 聚焦核心素养,让教育回归本身

明朝末年传入中国的葵瓜子家喻户晓,但大多数孩子却不了解葵瓜子从何而来。学校教学楼楼顶阳光充足,土壤潮湿,有利于向日葵生长,因此,学校选择围绕向日葵开展劳动教育,从一粒小小的葵瓜子入手,让学生去探索世界的智慧。"葵课程"聚焦核心素养,指向学生德智体美劳全面发展,将学生置身于课程建设的中心,让学生了解一粒种子的生命历程,从生活中找寻自然对生命的观照,从实践中体悟人类智慧对自然馈赠的再创造,为学生的全面发展赋能。

(2) 聚焦全学科融合,打破育人边界

学校将劳动教育课堂搬进"空中花园",在让学生充分感受农耕文明魅力的同时,鼓励学生自主创造。教师指导学生在关注作物生长过程的同时,运用观察、记录、分析、绘画、拍摄等方法,探寻其生长奥秘,积累自然科学知识,建构科学探究经验。在葵园的美术课堂上,教师充分尊重学生的感性认知,尊重他们天真、浪漫、自然的表达方式,学生所创造的作品天然、自由、富有生命力,每个人都有不同的表达,发挥了以美育美、以美育人的教育功能。在葵园的文化课堂上,学生从赏葵、言葵到探葵,从诗经中的"葵"到眼前的向日葵,与历史、与古人、与眼前的葵花对话,课堂连接历史与未来,打通传统与现代。

(3) 聚焦演、做、秀,真正实现教学评一体

教育要走向未来,必须回归学生,让学生在天然的启蒙中得到滋养。全融合劳动教育课程评价以"展示即评价,评价即学习"为主要特色,依照自评与他评相结合、量化评价与质化评价相结合的方式,设计"演出来、做出来、秀出来"三次闯关,通过"一说、二演、三创"三个任务展开,使学生在观察、表演、探究、动手、体验中加深对向日葵的认知,培养学生乐学、善学等核心素养,以有形课堂激活无边界的创造,以多元艺术手段呈现多视角体察万物的状态,陶冶学生活泼敏锐之灵性、高尚纯洁之人格。

3. 全融合劳动教育的课程构建

(1) 课程赋能,实现从"课"到"育"

学校将劳动教育融入课程顶层设计,纳入人才培养全过程。以探究"向日葵的生命旅程"为契机,建构项目式课程,围绕"功用和文化意蕴"探究主题,开展情景式、体验式、项目式教学。学校每月进行一次专题学习,教师带领学生探究主题相关知识;学生在劳作、实践、探究与创作中不断获得新知,提升对自我、对生活、对社会、对未来、对生命的认知高度,反哺其他学科的学习,实现了从"课"到"育"的进阶。

(2) 学科赋能,实现从"单一"到"融合"

全融合劳动教育课程紧扣主题,打破学科边界、学校边界,以积累、感悟、体验、创造等形式开展项目化学习活动,联结家庭、学校、社会,并将基础性学科课程与学生、教师、环境等课程要素有机整合,将自然科学、文学艺术与社会生活自然联结。课程体系跨越了课程之"界"、学科之"界"、学段之"界",实现劳动教育课程全方位、多领域、各要素之间的深度融合。

(3) 评价赋能,实现从"劳动"到"素养"

为了让劳动教育的效果落到实处,让学生认识到劳动教育的价值,学校构建形成了智慧多元的劳动教育综合评价体系。例如"种植勋章""田园博士勋章""向日葵代言人"等,满足不同学段、不同阶段对学生劳动成果的激励,促进教师将创新性想法落到实处,有利于培养学生的创新意识、效率意识、成果意识、成效意识和劳动精神,促进学生综合素养的提升。

4. 全融合劳动教育的相关经验

(1) 以劳动观教育为核心,理论与实际相结合

学校搜集了与全融合劳动教育课程相关的文献资料,以劳动观教育为核心,了解、追踪劳动教育研究现状。学校从理论出发,结合本校办学理念,明确学校劳动教育目标,厘

清各年级劳动教育的具体内容、方式、途径,推动劳动教育课程和其他课程的有机融合,形成一体化设计。

(2) 以时代发展为方向,历史与逻辑相统一

学校以时代发展为方向,秉承历史与逻辑相统一的原则,大胆设计开放性、与时俱进的劳动案例,设定劳动条件和劳动目标,鼓励学生自主寻找方法,达到目标,激发学生的创造欲。

(3) 以劳动体验为基础,实证调查与理论分析相结合

学校将实证调查与理论分析相结合,以劳动体验为基础,设计全融合劳动教育课程。一方面,设计调查问卷,了解学生参与劳动的现状与问题,实地走访调查相关学校、班级,了解全融合劳动教育课程建设思路;另一方面,采取劳动教育工作室共同体研究培训的方式,组织教师开展有关全融合劳动教育课程的实践活动,探索总结课程建设中遇到的问题,及时探讨交流,调整策略。

(4) 以全融合教育为抓手,整体分析与个案研究并重

学校的全融合劳动教育课程设计注重劳动观与劳动进度紧密结合,根据课程建设方案,各年级整理课程素材,课题组进行讨论研究,确定备选课程素材。寻找典型案例,分析全融合劳动教育课程建设与促进学生"五育"和谐发展之间的关系,充分发挥劳动育人价值,引导学生形成正确的劳动观念、劳动精神,使其具备必要的劳动能力和良好的劳动习惯,成长为担当民族复兴重任的时代新人。

思考与练习题

1. 谈谈你对德、智、体、美、劳"五育"融合的理解。
2. 大学生如何做到劳动与专业实践融合?
3. 谈一谈你对劳动教育与三创教育融合的看法。

第六章 劳动安全与保障

学习目标

1. 掌握劳动安全的主要内容。
2. 树立劳动安全意识和危险防范意识。
3. 了解劳动者权益与劳动法相关内容。

第一节 培养劳动安全意识

一、劳动安全

劳动安全、劳动权益是老生常谈的话题,与我们的工作、生活息息相关,对于每一个人来说都是至关重要的。对于家庭来说,安全意味着和睦;对于企业来说,安全意味着发展;对于个人来说,安全意味着生命。

劳动安全的意义有以下 3 点:

第一,劳动安全是关系到劳动者健康和生存的头等大事。我国是社会主义国家,人民利益是国家的最高利益,在各种活动中,必须把保证劳动者的生存和健康放在第一位。一旦在生产中出现劳动者伤亡事故,损失是无法弥补和挽回的,所以,必须保证劳动者在生产中的人身安全。

第二,劳动安全是国民经济健康发展的前提和重要保证。我国每年各类安全事故时有发生,造成人员伤亡和重大经济损失,由此造成的对经济发展的近期和远期的消极影响是难以估量的。国民经济的持续、健康发展,需要以安全生产的环境为前提条件,安全是生产的保障。如果在生产中出现安全问题,发生了工伤事故,不仅劳动者生命安全受到威胁,给家属带来痛苦和创伤,而且在经济上也会造成不良的后果。只有在保证劳动者安全、国家财产及人民生命财产安全的前提下,生产才能顺利进行。

第三,保障劳动安全是实现生产经营活动目标的根本措施。生产经营和服务单位的基本目标是实现生产顺利、高效运行,不断提高经济效益。这个基本目标只有在安全的生产条件下才能实现。安全的生产条件可以调动广大劳动者的生产热情和积极性。劳动者在生产中感到安全有保障,才会发扬主人翁精神,提高劳动效率,使企业取得好的效益。

近年来,随着中国经济的不断发展,人民的生活水平不断提高,中国的经济建设突飞猛进,同时出现了诸多问题,其中,安全问题成了人们工作和日常生活中永恒的主题。

习近平总书记高度重视安全生产工作。党的二十大报告指出"要树立安全发展理念,弘扬生命至上、安全第一的思想,健全公共安全体系,完善安全生产责任制,坚决遏制重特大安全事故,提升防灾减灾救灾能力"。谈到安全生产,人们耳熟能详的一句话就是"安全第一,预防为主"。预防事故的发生是安全生产工作中最重要的一环,是保障安全生产的前提,而这个前提的前提是树立安全意识。

在日常生活和生产中,具有强烈的安全意识是非常重要的。增强安全意识有利于人们自觉执行相关的安全规章制度,减少违章违纪行为,有利于人们不断提高对危险的认知能力,主动排查身边存在的各类事故隐患;有利于人们习惯性按章作业,提高反"三违"(违章指挥、违章操作、违反劳动纪律)的主动性和积极性,防范事故发生。生命对于每个人来说都只有一次,树立安全意识既是对自己负责,也是对家人负责。

我们在不断强调安全意识时,首先要理解什么是劳动安全。劳动安全又称职业安全,是指在劳动过程中,劳动者的生命安全和身体健康不受威胁或侵害的状态。根据国家标准化管理委员会(原国家标准局)颁布的《企业职工伤亡事故分类》(GB/T 6441—1986),劳动安全事故可分为20类(表1-6-1)。造成安全事故的原因主要有以下3个方面。

表1-6-1　20类安全事故

序号	事故类别	备注
1	物体打击	落物、滚石、撞击、碎裂、崩块、砸伤,不包括爆炸引起的物体打击
2	车辆伤害	包括挤、压、颠覆等
3	机械伤害	包括铰、碾、割、戳
4	起重伤害	各种起重作业引起的伤害
5	触电	电流流过人体或人体与带电体之间发生放电引起的伤害,包括雷击
6	淹溺	各种作业中落水及非矿山透水引起的溺水伤害
7	灼烫	火焰烧伤、高温物体烫伤、化学物质灼伤、射线引起的皮肤损伤等,不包括电烧伤及火灾事故引起的灼伤
8	火灾	造成人员伤亡的企业火灾事故
9	高处坠落	包括由高处落地和由平地入地坑
10	坍塌	建筑物、构筑物、堆置物倒塌及土石塌方引起的事故,不适用于矿山冒顶、片帮及爆炸、爆破引起的坍塌事故
11	冒顶片帮	指矿山开采、掘进及其他坑道作业发生的顶板冒落、侧壁垮塌

(续表)

序号	事故类别	备注
12	透水	适用于矿山开采及其他坑道作业发生时因涌水造成的伤害
13	爆破	由爆炸作业引起的,包括因爆破引起的中毒
14	火药爆炸	生产、运输和储藏过程中的意外爆炸
15	瓦斯爆炸	包括瓦斯、煤尘与空气混合形成的混合物的爆炸
16	锅炉爆炸	适用于工作压力在 0.07 MPa 以上,以水为介质的蒸汽锅炉爆炸
17	压力容器爆炸	包括物理爆炸和化学爆炸
18	其他爆炸	可燃性气体、蒸汽、粉尘等与空气混合形成的爆炸性混合物的爆炸;炉膛、钢水包、亚麻粉尘的爆炸等
19	中毒和窒息	职业性毒物进入人体引起的急性中毒、缺氧窒息性伤害
20	其他	上述范围之外的伤害事故,如冻伤、扭伤、摔伤、野兽咬伤

一是物的不安全状态。如大型用电设备没有做好接地措施,生产设施已超过使用寿命或者超过时间没有进行检查维修。

二是人的不安全行为。如员工违反安全生产操作规定,没有佩戴规定的安全防护措施等。

三是管理上存在的缺陷。如没有制定紧急事故处理流程,没有进行安全生产教育,没有进行消防演习等。

二、安全生产

安全生产是国家的一项长期基本国策,是保护劳动者的安全、健康和国家财产,促进社会生产力发展的基本保证,也是保证社会主义经济发展,全面深化改革开放的基本条件。因此,做好安全生产工作具有重要的现实意义。

(一) 安全生产方针的演变

我国的安全生产方针经历了一个产生和发展的过程。从 20 世纪 50～60 年代的安全第一到 20 世纪 70 年代之后的"安全第一、预防为主",再到党的十六届五中全会提出的十二字方针,我们对安全生产规律特点认识的不断深化。十二字方针强调必须把防范事故作为安全生产的主体性任务,把工作重心转移到排查治理隐患、提高事故防范能力上来;必须坚持标本兼治、重在治本,综合运用法律、经济、科技手段和必要的行政手段,解决突出问题和深层次问题,建立长效机制。

2022 年新修订的《中华人民共和国安全生产法》认真贯彻落实习近平总书记关于安全

生产工作的一系列重要指示精神，其中第三条就确立了"安全第一、预防为主、综合治理"的安全生产工作十二字方针，这是国家对安全生产工作总的要求。"安全第一"就是要求在生产经营活动中要把安全放在第一位，不能以牺牲人民生命健康为代价来换取发展和利益；"预防为主"就是要求安全生产工作的重点要放在预防上，加强隐患排查治理，从源头上控制、预防和减少生产安全事故；"综合治理"就是要求运用行政、经济、法律、科技等手段，充分发挥社会、职工和舆论监督的作用，做好安全生产工作。

我国对安全生产工作总的要求发展，大体可以归纳为3个阶段，第一阶段要求（1949—1983年）"生产必须安全、安全为了生产"；第二阶段要求（1984—2004年）"安全第一，预防为主"；第三阶段要求（2005年至今）"安全第一，预防为主，综合治理"。

国家将综合治理纳入安全生产工作方针，这是我国安全生产领域的一件大事，标志着我们对安全生产的认识上升到了一个新的高度。综合治理的工作方针秉承安全发展理念，强调改造客观世界必须符合客观规律，强调防治并举、标本兼治。坚持综合治理，必将促进安全生产战线进一步认真贯彻落实国家相关政策，从而避免和减少各类事故发生，推动安全生产形势稳定好转。由此可见，我国的劳动保护工作方针是经过反复实践而最终确定的，是符合我国生产实际的，具有普遍的指导意义。

我国坚持以人民为中心的发展思想，高度重视劳动安全与劳动权益保护，积极践行国际劳工和人权标准，努力使人人都能通过辛勤劳动创造幸福生活，实现自身发展。作为当代青年大学生，要从学生时代就牢固树立劳动安全意识，掌握必要的劳动常识，积极学习劳动法规。

（二）正确认识安全警示标志

安全警示标志是设在作业现场的第一道防线，它能够提醒工作人员预防危险，从而避免事故发生，当危险发生时能够指示人们尽快逃离或者指示人们采取正确、有效、得力的措施，对危害加以遏制。所以，安全警示标志对于安全生产的重要性不言而喻。

安全警示标志由安全色、几何图形和图形符号所构成，用以表达特定的安全信息。国家标准《安全色》（GB 2893—2008）中规定的安全色是用以表达禁止、警告、指令、指示等安全信息含义的颜色，具体规定为红、蓝、黄、绿4种颜色，警示标志分为禁止标志、警告标志、指令标志和提示标志4类。

1. 禁止标志

禁止标志是禁止不安全行为的图形标志。

2. 警告标志

警告标志是提醒人们对周围环境引起注意，以避免可能发生的危险的图形标志。

3. 指令标志

指令标志是强制人们必须做出某种动作或采取防范措施的图形标志。

4. 提示标志

提示标志是向人们提供某种信息（如标明安全设施或场所等）的图形标志。

（三）执行安全生产禁令

安全生产需要强有力的执行力提供保障。企业安全制度和措施定得再多，管理方法不断出新，但执行力度不够，制度措施不落实，安全就得不到保证。所以，要强化纪律意识，严格执行安全生产禁令，做到令行禁止。

在实际工作中，任何一项疏忽都可能造成无法弥补的后果。我们必须认识到：安全无小事，要牢固树立安全第一、预防为主的思想。

三、学校劳动安全风险防范

劳动安全涉及社会主义现代化建设的方方面面和大学生劳动者的切身利益，是一件非常重要的大事。认识学校劳动教育中的典型安全风险并掌握安全风险防范措施至关重要。

（一）劳动教育中的典型安全风险

劳动教育活动作为一种职业劳动过程，存在一定的劳动安全风险，主要涉及组织管理、人员素质、交通条件和环境条件4个方面。

1. 组织管理风险

（1）规章制度

一是没有制订劳动教育活动方案、实施手册或规范，或照搬照抄、流于形式；二是规章制度缺失，没有针对劳动教育活动制定详细、完善的管理规章制度，规章制度缺乏可操作性或执行不到位；三是协调机制不完善、责任机制不健全，在开展活动或遇到突发情况时，无章可循、无规可守，或有章难循、有规难守。

（2）应急预案

一是劳动教育活动突发事件应急预案缺失或应急预案缺乏针对性与可操作性，安全保障机制不完善；二是应急预案没有定期更新，没有针对应急预案开展专项安全教育和应急演练。

（3）应急救援能力

由于缺乏事前的准备与培训，事故救援能力不足，缺乏必备的事故救援物资，未配备经过专业救援训练的安全员，在遭遇突发事件时，事故救援不及时，救援资源（人员、物资等）不到位。

2. 人员素质风险

（1）学生群体与个体

主观因素包括意识、素养、行为等，客观因素包括疾病、体质等。广大学生特别是中小学生，容易发生脱离集体擅自行动，或学生间因琐事产生纠纷的情况。另外，由于未成年人身体机能尚未发育成熟，免疫抵抗力较弱，或本身就存在过敏体质或既往病史等健康问题，在遇到一定诱因后突发疾病、意外伤亡，为劳动教育的管理增加了不确定性因素。

(2) 教管人员

一是教管人员在劳动教育活动期间身体或心理不适,不能正常履行安全管理职责;二是教管人员缺乏职业道德,思想认识不到位,安全意识不强,不认真执行规章制度,对学生疏于管理,没有尽到管理责任;三是教管人员应急能力差,对劳动教育活动内容和活动过程不熟悉,未能提前了解活动内容是否存在不适合学生身心特点或威胁其健康与安全的情形,事前未做充分的风险评估和突发事件应急预案及演练,导致在面对突发事件时束手无策。

(3) 社会人员

劳动教育基地一般是开放的社会场所,人员密集,结构复杂,特别是中小学生群体,因其应对暴力袭击的脆弱性,很容易成为一些反社会极端分子的袭击目标。

3. 交通条件风险

(1) 交通工具

劳动教育活动应优先选择航空或铁路交通方式,公路交通的安全系数相对较低。在选择汽车作为公共交通工具时,如果师生乘坐的车辆本身存在安全隐患,出行前未做全面的车辆故障排查,则会增加交通安全风险。

(2) 交通路线

由于劳动教育活动的路线选择不当,遭遇道路维修封路、路面崎岖不平、城乡接合部或乡村道路缺少交通信号灯等情况,或司机对路线不熟悉,则会增加交通安全风险。

(3) 司机素质

一是司机在出发前就存在身体、心理不适等健康问题,影响正常驾驶;二是司机存在疲劳驾驶、酒后驾驶、超速抢道等违法违规行为。

4. 环境条件风险

(1) 生活环境

一是劳动教育目的地住宿环境达不到卫生标准,如被褥床单等清洗不干净,导致学生出现过敏反应等;二是活动期间用餐环境不卫生、食材不新鲜、饮用水水质不达标等,导致食物中毒、水土不服等;三是劳动教育目的地正流行某种传染性疾病,导致学生被感染。

(2) 人文环境

一是劳动教育目的地举办大型公共活动,导致人群密集;二是劳动教育目的地城市治安较差,偷盗抢劫案件多发或正发生群体性事件;三是由方言造成的语言交流障碍,导致言语冲突,或地方风俗习惯差异导致文化冲突等。

(3) 自然环境

一是游览水域、沙漠、山地、高原等特殊环境,未穿戴必需的防护装备,对特殊环境缺乏了解;二是由于未提前了解天气情况,驻留营地期间偶遇雨雪雷电、大风等恶劣天气,或在酷热、严寒等极端天气出行等。

（二）劳动安全教育风险防范

劳动安全教育是一项系统性工程，其实施成效依赖于学校、家庭、社会三方的紧密协作。在此过程中，学校扮演核心角色，需清晰界定领导层、专业课教师、心理咨询教师、辅导员、班主任等各方的工作职责和任务。同时，建立学校、家庭、社会三方联动的工作机制至关重要。通过细致的观察与深入的交流，及时把握学生的心理状态与行为动态；定期向家长反馈学生在校表现；对于劳动安全风险或已发生的事故，应积极展开心理辅导和妥善处理，并及时与家长和相关部门沟通，共同应对挑战。

当前，大学生劳动安全问题频发与大学生的安全意识薄弱直接相关。为有效降低高校劳动安全事故发生率，学生需深刻认识劳动安全的重要性，科学判断外部环境的安全状态，并严格规范自己的劳动行为，防止意外发生。高校辅导员与班主任应着重从做人、做事等细微处着手，加强劳动安全教育，多角度提升学生的自我防范意识和自我保护能力。在做人方面，应引导学生理性分析自身言行，拒绝贪求小利，脚踏实地；在做事方面，应教育学生审慎辨别是非，强化法律意识，学会运用法律武器保护自己，避免受到伤害。若不幸发生劳动安全事故，学生应保持冷静，迅速采取有效应对措施或寻求帮助，以最大限度地降低事故损失。

四、完善学校劳动安全预案

（一）熟悉预案

安全工作是重中之重，必须置于首要位置，不得有丝毫懈怠。在加强日常安全教育与安全检查的基础上，应做好事故应急准备，确保在事故发生时能够迅速、果断地采取有效行动，以最大程度减轻事故造成的损害。具体方案如下。

1. 事故发生时的应急措施

（1）迅速响应，果断处置

当参与劳动实践的学生遭遇突发安全事故时，辅导员或班主任应立即启动应急响应机制。若伤者仍在事故现场，应迅速赶赴现场，根据事故性质及伤者伤情，果断采取相应救治措施；若伤者已被送往医院，辅导员或班主任应立即前往医院探望伤者，并妥善安抚学生及其家长情绪，以获取理解与配合。

（2）及时上报，迅速决策

辅导员或班主任应在第一时间向学校报告事故情况，并快速制定应对策略，为学校后续的事故处理赢得主动权。

（3）报告保险公司

在事故基本得到控制后，应及时向保险公司报案，详细陈述事故发生的经过，并记录报案时间及报案编码，确保事故处理的及时性与有效性。

2. 事故发生后的分析处理

（1）事故详情调查

辅导员或班主任需亲自到场，对事故发生的完整经过进行详尽的调查了解。依据事故的性质，学校将指派相关人员进行现场拍照，采访知情人，并保留详尽的记录。

（2）事故原因分析与总结

对事故发生的原因进行深入分析，判断是人为因素还是其他客观因素所致；是突发意外还是由于学生操作不当或其他安全隐患引发的。辅导员或班主任需撰写详尽的事故分析报告，及时提交学校，并提出合理的改进建议。同时，应认真总结事故教训，以加强安全防范措施。

（3）妥善应对事故后续处理

在受伤学生住院期间，学校领导应定期探望，积极协助解决其在生活和学习中遇到的困难，安抚家长。评估事故的严重程度，如有必要，向学校申请成立事故处理专项小组，与相关部门协调处理后续事宜。同时，积极协助受伤学生办理人身保险的理赔手续。对于经济困难的学生，可以组织捐资活动。

（二）及时启动预案

当今社会，各种劳动安全事故频发，加强安全事故管理是摆在学校面前的重要任务。安全事故虽然不可尽数避免，但可以管理。师生具备较强的安全意识和自救能力，可以减少安全事故的发生，积极的事故应对预案则可将损失降到最低。

1. 应急预案和应急演练突出实用

（1）预案编制和修订要简明实用

劳动安全事故应急预案是应对突发事件和开展应急管理工作的重要指导文件，其编制与修订必须强调简明实用的原则。同时，各级领导干部及部门工作人员需深入学习、熟练掌握相关预案，特别是与个人职责紧密相关的部分，确保一旦发生劳动安全事故，能迅速、有效地应对。

（2）注重"平战结合"，强化应急演练

应急演练是提升应急实战能力的关键途径，也是检验应急预案与劳动安全事故应对能力的重要标准。因此，应高度重视日常应急预案的演练工作，通过频繁、有序的演练，使师生深入了解和熟悉劳动安全事故的处置流程，及时发现并修正存在的问题与不足，进而完善和优化应急预案。

2. 务必加强应急值守和信息报送

（1）建立健全应急值守值班体系

要建立岗责一体、立即响应的应急值守值班体系。建立健全应急值守值班制度，做到领导带班，专人值守，平战结合，反应迅速；完善值守值班工作流程，确保万无一失；建立健全延伸到学校基层人员的应急值守值班体系，确保事故发生后能第一时间做出反应。

（2）落实应急信息报送工作

要求做到主动上报、及时上报。劳动安全事故具有突发性、紧迫性和破坏性，报送要"快"和"准"，二者一体两面，缺一不可。在紧急情况下，可以先电话报告，然后上报文字材料，并做好续报工作。

拓展阅读

金 矿 爆 炸

2021年1月10日14时,山东省烟台市栖霞市一金矿发生爆炸事故,致井通梯子间损坏,罐笼无法正常运行,因信号系统损坏,造成井下22名工人被困失联。事故发生后,涉事企业(山东五彩龙投资有限公司)迅速组织力量施救。但由于对救援困难估计不足,直到1月11日20时5分才向栖霞市应急管理局报告有关情况,存在迟报问题。接报后,栖霞市应急管理局立即成立省市县一体化应急救援指挥部,投入专业救援力量300余人、各类机械设备40余套,紧张有序开展救援。经全力救援,11人获救,10人死亡,1人失踪,直接经济损失6 847.33万元。

(资料来源:央视网,2021年1月10日,有改动。)

安全隐患
劳动防护

第二节　劳动安全隐患与劳动防护

有人说"无危为安,无损则全";也有人说"安全是福、安全为天"。要做到劳动安全,首先就要能正确识别安全隐患。

一、劳动安全隐患

劳动安全隐患是指生产经营单位违反安全生产法律、法规、规章、标准、规程、安全生产管理制度的规定,或者在生产经营活动中可能导致不安全事件或事故发生的物的危险状态、人的不安全行为和管理上的缺陷。从性质上分,可分为一般事故隐患和重大事故隐患。

(一)一般事故隐患

一般事故隐患是指危害和整改难度较小,发现后能够立即整改排除的隐患。

(二)重大事故隐患

重大事故隐患是指危害和整改难度较大,应当全部或者局部停产停业,经过一定时间整改治理方能排除的隐患,或者因外部因素影响致使生产经营单位自身难以排除的隐患。

通常来说,导致安全事故发生的安全隐患主要包括企业不重视安全生产、提供的劳动环境不符合法律规定、对员工培训不到位等,或者劳动者在操作过程中存在错误。企业安全隐患一直是企业生产中的难题,我们必须对此给予足够的重视。

二、劳动保护

劳动保护是国家和用人单位为确保劳动者在劳动生产过程中的人身安全与健康所施

行的综合性策略,涵盖立法、组织、技术等多层面。它是依据国家法律法规,借助科技进步与科学管理,通过组织与技术手段,消除危害人身安全与健康的因素,预防事故与职业病的发生,从而保障劳动者在劳动过程中的安全与健康。劳动保护的范畴涉及劳动安全、劳动卫生、女工保护、未成年工保护,以及工作时间与休假制度的制定与执行。

劳动保护的核心宗旨是为劳动者构建一个安全、卫生、舒适的劳动环境,防范和消除劳动生产过程中可能产生的伤亡、职业病和急性职业中毒等风险,确保劳动者以健康的体魄参与社会生产,进而促进劳动生产率的提升,并为社会主义现代化建设的顺利推进提供有力保障。劳动保护彰显了党和国家对劳动者权益的深切关怀,是社会主义制度内在要求的体现,同时也是推动生产发展、经济建设、社会主义物质文明与精神文明建设不可或缺的部分。

劳动保护不仅具有重要的政治意义,而且拥有显著的经济价值。劳动者作为生产过程中最为宝贵的资源,是生产力的核心要素。深入探究并遵循生产规律,采取切实有效的措施以消除生产中的不安全和不卫生因素,能够显著减少和避免各类事故的发生;同时,构建安全的劳动环境,能够激发劳动者的积极性和创造力,从而提高劳动生产率和经济效益。此外,加强劳动保护还能有效减少因伤亡事故和职业病导致的经济损失,如工作损失、救治费用、设备损坏、停产等直接或间接的经济影响。

为确保劳动者的劳动安全,减少劳动过程中的伤亡事故及生产设备损坏,我国已制定《中华人民共和国劳动法》等相关法律,并发布劳动安全技术规程。同时,为保障劳动者在劳动生产过程中的身体健康,避免有毒、有害物质的危害,防止、消除职业中毒和职业病,我国还制定了劳动卫生方面的相关法律法规。

通常情况下,劳动保护的核心内容可被明确地划分为2类:

一是劳动安全防护。安全技术规程详细规定了多个方面的安全要求,包括但不限于:机器设备的安全运行;电气设备的防护与安全操作;锅炉、压力容器等特种设备的安全管理;建筑工程的安全施工与防护;交通道路的安全管理与维护。企业务必严格遵守这些安全技术规程,并确保所有生产设备达到相应的安全标准。

二是劳动卫生保护。相关的法律、法规制定了详细的劳动卫生规程,旨在确保劳动者的工作环境和健康状况。这些规程涉及了多个方面,如防止粉尘对劳动者健康的危害;防范有毒、有害物质的潜在威胁;降低噪声和强光对劳动者的影响;采取必要的防暑降温和防冻保暖措施;提供适宜的通风和照明设备;确保个人防护用品的充足供应。企业必须严格遵守这些劳动卫生规程,并确保工作环境达到相应的卫生标准。

《中华人民共和国劳动法》第五十四条明确规定:"用人单位必须为劳动者提供符合国家规定的劳动安全卫生条件和必要的劳动防护用品,对从事有职业危害作业的劳动者应当定期进行健康检查。"国家对劳动保护用品的配备出台了相关法律规定来进行合法的认定,劳动者可以要求用人单位配备。

个人防护装备是保护劳动者免受伤害的第一道防线。劳动防护用品是指在劳动过程中保护劳动者人身安全与健康的防御性装备。按照《个体防护装备配备规范 第1部分:

总则》(GB 39800.1—2020)，劳动防护用品有以下 9 类：

① 头部防护用品。如安全帽、防静电工作帽。
② 眼面防护用品。如焊接眼护具、激光防护镜、强光源防护镜、职业眼面部防护具。
③ 听力防护用品。如耳塞、耳罩。
④ 呼吸防护用品。如防毒面具、呼吸器等。
⑤ 防护服装。如微波辐射防护服、阻燃服。
⑥ 手部防护用品。如绝缘手套、防寒手套、防静电手套等。
⑦ 足部防护用品。如安全鞋、防化学品鞋等。
⑧ 体部防护用品。如安全带、安全绳、缓冲器等。
⑨ 其他防护用品。

配备了劳动防护用品，我们就要爱护和正确使用，发挥其最大功效，确保劳动生产作业万无一失。

三、劳动意外伤害及处理

劳动意外伤害是指劳动者在从事职业活动时因意外事故而受到的伤害。当前较为常见的有意外创伤、高空跌倒、意外触电和高温烫伤 4 类。我们应该懂得应对这些意外伤害的基本急救措施，这是伤员在治疗前维持生命的重要保证。

意外发生时，不论出现意外情况的人员是自己还是身边的人，首先要做的就是保持冷静，不要惊慌失措。意外情况救治有以下原则：确保自身和伤员所处环境安全，快速检出和排除致伤、致死风险因素，简单处理减少伤员痛苦，快速联系医务人员寻求更多帮助。

要学会打急救电话。拨打急救电话，要学会"说三做四"。"说三"：说地址，第一时间将大到某某区、中到街道名、小到小区门牌号等内容说清楚；说病情，说清楚伤员需要急救的情况；说电话，报出自己的电话号码，千万不要主动挂断电话，等待调度员给你指令。"四做"：挂断电话后，在等待时不要重复拨打 120 急救电话，保持电话畅通，不要长时间通话；接应救护车，尽可能立即派人到约定地点候车，见到救护车后挥手致意，带领医护人员前往伤员家中或事故现场；准备好物品，如果是误服药物等中毒，要把可疑的药品或毒物带上，如果是断肢的伤员，要带上离断的肢体；时刻关注病情发展，在等待 120 急救车时，如果伤员突然倒地不省人事，在现场的人可及时采取自救、互救措施。

另外，在事故现场对常见意外伤害进行紧急处置，不做旁观者。

1. 意外创伤

第一，要用生理盐水冲洗掉伤口内的异物组织或者沙土等；第二，用消毒药水涂抹伤口，常用的碘伏或酒精等都可以；第三，消毒完伤口之后，用纱布或者敷料包扎；第四，太深的伤口自己很难愈合，消毒完后要在医院里进行清创缝合。另外，还要再打破伤风抗毒素或者破伤风免疫球蛋白，以免术后感染破伤风。所有这些处理完以后，要定期给伤口换药，按医嘱拆线。

2. 高空跌倒

不要搬动坠落在地的伤员。最好采取平仰卧位，尽量减少搬运，特别是伴有脊髓损伤的伤员，那样易造成二次损伤。保持伤员呼吸道畅通，解开其衣领扣。立即呼叫120急救，等待专业救援。

3. 意外触电

让触电者迅速脱离电源，关闭电闸，使用绝缘物体挑开触电者和电源接触的肢体。触电者到安全区以后，检查其有无心跳及呼吸，如果没有心跳、呼吸，马上做心肺复苏。现场心肺复苏非常重要，包括心脏按压、人工呼吸。心脏按压部位是两乳头连线的中点，按压的频率是每分钟100～120次，按压深度是5～6厘米，连续按压30次，然后进行人工呼吸2次。

4. 高温烫伤

应遵循"冲、脱、泡、盖、送"5个急救步骤。

第一步：冲。烧烫伤后应首先脱离热源，用流动的冷水冲洗受伤部位20～30分钟，降低伤处温度，减少对深层组织的伤害。切不可直接将冰块冷敷在创面上，以免冻伤，造成二次伤害。

第二步：脱。小心地脱掉创面部位的衣服，如果创面和衣服粘连，可以用剪刀小心地剪开衣服，千万不要强行剥离，以免弄破水疱。如受伤部位有戒指、手镯等物品，也要取下，以免创面肿胀后难以脱卸。

第三步：泡。如果疼痛明显，可将烧烫伤部位浸泡在冷水中10～30分钟。如果浸泡不便，可以用清洁冷水浸湿的毛巾、纱布等敷于创面，这样可以进一步缓解疼痛并带走热量。

第四步：盖。可以用无菌纱布覆盖伤处，避免感染。

第五步：送。立即送到医院进行治疗。

发生劳动意外伤害后，应向人力资源和社会保障局申请工伤认定。公司需要在事故发生的一个月内申报，如果公司不负责申报，则工伤职工或者其近亲属、工会组织在一年内提出认定申请。需提交材料包括：工伤认定申请表（社保局的网站可下载）、与用人单位存在劳动关系的证明材料、医疗诊断证明。如果经过治疗伤情相对稳定后存在残疾、影响劳动能力的，应当申请劳动能力鉴定，向市级劳动能力鉴定委员会提出申请；根据不同的伤残等级，人力资源和社会保障局会支付一次性伤残补助金，如果和用人单位协商解除劳动合同，工伤保险基金支付一次性医疗补助金，用人单位需要支付一次性就业补助金。如果不和用人单位解除劳动合同，则由用人单位安排适当工作；如果难以安排的，则由用人单位每月发放伤残津贴。不同伤残等级获得的补偿是不一样的。

四、职业病防治

当代社会职业病的受害案例层出不穷，很多人都深受职业病的困扰。但是绝大多数的职业病是可以预防的，劳动者应当学习和掌握相关的职业卫生知识，增强职业病防范意识，遵守职业病防治法律、法规、规章和操作规程，正确使用、维护职业病防护设备和个人职业病防护用品,发现职业病危害事故隐患应当及时报告。国家为了预防、控制和消除职业病危害,防治职业病,保护劳动者健康及其相关权益,促进经济社会发展,制定颁布了《中华人民共和国职业病防治法》(以下简称《职业病防治法》)。

(一) 职业病防治方针

我国职业病防治工作坚持"预防为主、防治结合"的方针,建立了用人单位负责、行政机关监管、行业自律、职工参与和社会监督的机制,实行分类管理、综合治理。

1. 预防为主

在职业病防治工作中,预防职业病的发生是首要任务。要控制职业病危害的源头,并在所有职业活动中最大限度地消除和抑制职业病危害因素的产生,以确保工作场所的职业卫生条件达到不损害劳动者健康的水平。

(1) 职业病的特点

① 病因的明确性。职业病具有明确的病因,职业病与职业病危害因素之间存在明确的因果关系。

② 后果的不可逆性。受限于当前的医疗发展水平,大多数职业病没有特效治疗方法。

③ 可预防性。职业病是在人们的职业活动中产生的,消除职业病危害或采取有效的预防措施,可以防止职业病危害的发生。因此,职业病是完全可以通过预防和控制来避免的。

(2)《职业病防治法》中预防为主原则的具体体现

预防为主原则作为职业病防治立法的基本原则,在《职业病防治法》中得到了明确的体现。该法确立了三级预防的原则,具体如下:

① 第一级预防。确保劳动者尽可能不接触职业病危害因素。主要措施包括建立项目"三同时"制度、职业病危害项目申报制度、特定作业(如放射、高毒等)的特殊管理制度、用人单位职业卫生管理制度、职业病危害警示和告知制度、作业场所职业病危害检测评价制度,以及特殊人群保护制度等。

② 第二级预防。早期发现病损,及时采取补救措施。主要措施包括建立劳动者健康监护制度、制定职业病危害事故应急救援预案和措施等。

③ 第三级预防。对已经患有职业病的人员进行准确诊断,并及时处理。主要措施包括建立职业病病人诊断、鉴定制度,以及完善职业病病人的待遇保障。

2. 防治结合

在突出预防为主的同时,要坚持防治结合。"防"是为了不产生职业病危害,"治"是为了在职业病危害产生后,尽可能降低职业病危害的损失。这里的"治"有两方面含义:一是治理,是指对已存在的职业病危害的识别、评价和控制,特别是在当前我国职业病危害普遍存在的情况下,必须列入政府的治理计划,限期治理;二是治疗保障,是指职业病患者获得医疗、康复保障的法律规定。

防治结合主要体现在以下4个方面:

① 在做好职业病防护设施"三同时",预防职业病危害产生的同时,要抓好用人单位的

职业病危害治理。

② 用人单位在职业病防治工作中,要将"防"和"治"有机地结合起来。要通过作业场所检测、评价等管理机制,建立职业病危害识别、评价和控制的动态管理过程,及时发现问题,不断进行治理,通过"治"实现"防"。

③ 用人单位要开展劳动者健康监护,建立健康监护档案,动态监测劳动者的健康状况,及时发现健康隐患,并制定、落实职业病危害事故应急救援预案,防范职业病危害事故的发生。同时,一旦发生了职业病危害事故,应当积极开展职业病病人的救治,挽救生命,减少事故损失。

④ 政府在职业病防治的管理中,要将预防职业病的发生同职业病发生后的处置相结合。政府通过建设项目管理、职业病危害申报、工作场所职业病危害监督等措施,防范职业病危害事故发生。在用人单位违反法律规定,导致职业病危害事故发生后,依法予以处理,通过治理整顿,督促用人单位改善劳动条件。

(二) 职业病的种类

在生产劳动中,接触生产中使用或产生的有毒化学物质、粉尘气雾,异常的气象条件,高低气压,噪声,振动,微波,X射线、γ射线,细菌,霉菌。长期强迫体位操作,局部组织器官持续受压等,均可引起职业病,一般将这类职业病称为广义的职业病。

我国现行《职业病分类和目录》》于2013年发布实施,包括6大类132种职业病,为保护劳动者合法职业健康权益,指导用人单位落实职业病防治责任发挥了重要作用。具体职业病类型如下:

① 职业性尘肺病及其他呼吸系统疾病。如硅肺、过敏性肺炎等。

② 职业性皮肤病。如接触性皮炎、光接触性皮炎、电光性皮炎、黑变病、痤疮、溃疡、化学性皮肤灼伤、白斑等。

③ 职业性眼病。如化学性眼部灼伤、电光性眼炎、白内障(含放射性白内障、三硝基甲苯白内障)。

④ 职业性耳鼻喉口腔疾病。如噪声聋、铬鼻病、酸蚀病、爆震聋。

⑤ 职业性化学中毒。如铅及其化合物中毒(不包括四乙基铅)、汞及其化合物中毒、锰及其化合物中毒、镉及其化合物中毒、铍病等。

⑥ 物理因素所致职业病、中暑、减压病、高原病、航空病、手臂振动病、激光所致眼(角膜、晶状体、视网膜)损伤、冻伤。

⑦ 职业性放射性疾病。如外照射急性放射病、外照射亚急性放射病、外照射慢性放射病、内照射放射病等。

⑧ 职业性传染病。如炭疽、森林脑炎、布鲁氏菌病、艾滋病(限于医疗卫生人员及人民警察)、莱姆病。

⑨ 职业性肿瘤。如石棉所致肺癌、间皮瘤,联苯胺所致膀胱癌,苯所致白血病等。

⑩ 其他职业病。金属烟热、滑囊炎(限于井下工人)、股静脉血栓综合征、股动脉闭塞症

或淋巴管闭塞症(限于刮研作业人员)。

对职业病的诊断,应由省级以上人民政府卫生行政部门批准的医疗卫生机构承担。

目前我国职业病危害呈现 5 个方面特点:

一是接触职业病危害人数多,患病数量大;

二是职业病危害分布行业广,中小企业危害重;

三是职业病危害流动性大、危害转移严重;

四是职业病具有隐匿性、迟发性的特点;

五是职业病危害造成巨大的经济损失,影响长远。

用人单位在与劳动者订立劳动合同(含聘用合同)时,应当将工作过程中可能产生的职业病危害及其后果、职业病防护措施和待遇等如实告知劳动者,并在劳动合同中写明,不得隐瞒或者欺骗。劳动者有权拒绝从事存在职业病危害的作业,用人单位不得因此解除与劳动者所订立的劳动合同。

第三节　劳动者权益与常见权益纠纷

劳动者在劳动关系中,凭借从事劳动或从事过劳动的客观事实获得应享有的权益。中华人民共和国成立以后,劳动者成为国家的主人,国家立法非常重视对劳动者权益的保护。从 1954 年颁布的第一部宪法,到其后的许多行政法规、劳动规章和政策,对此都有明显的体现。正是这些侧重保障劳动者权益的规定,极大地调动了广大劳动者的生产热情和积极性,推动了我国社会主义建设的飞速发展。

一、依法劳动

(一)劳动相关法律

光荣属于劳动者,幸福属于劳动者。在校大学生兼职和应届毕业大学生在职场上合法权益被侵犯的现象屡屡发生,如延长试用期、无休止加班、压低试用期工资等。究其原因主要有 3 个方面:一是法律意识淡薄;二是社会经验欠缺;三是求职心切。大学生应该把学习《中华人民共和国劳动法》《中华人民共和国劳动合同法》(以下简称《劳动法》《劳动合同法》)作为求职的必修课,并学以致用,用法律武器维护自己的合法权益。

《劳动合同法》自 2008 年 1 月 1 日起施行,2012 年 12 月修改一次,适用范围为中华人民共和国境内的企业、个体经济组织、民办非企业单位,以及国家机关、事业单位、社会团体等组织。

《劳动法》和《劳动合同法》的区别在于:《劳动法》是大法,《劳动合同法》是专门规范用人单位与劳动者建立劳动关系,订立、履行、变更、解除、终止劳动合同的法律法规。《劳动法》与《劳动合同法》是前法与后法、旧法与新法的关系,按照"新法优于旧法"的原则,《劳动法》与《劳动合同法》不一致的地方,以《劳动合同法》为准;《劳动合同法》没有规定而《劳动法》有规定的,则适用《劳动法》的相关规定。

劳动合同是劳动者与用人单位确立劳动关系、明确双方权利和义务的协议。劳动合同的形式一般有书面形式和口头形式2种,书面合同是由双方当事人达成协议后,将协议的内容用文字形式固定下来,并经双方签字确认。劳动合同的条款分为法定条款和协商条款,法定条款是指法律规定必须协商约定的条款,协商条款是指根据工种、岗位的不同特点,以及双方各自的具体情况,由双方选择协商约定的具体条款。劳动合同被誉为劳动者的"保安",它为构建与发展和稳定的劳动关系提供保障。

1. 《劳动法》部分条款

第二十条:劳动者在同一用人单位连续工作满十年以上,当事人双方同意续延劳动合同的,如果劳动者提出订立无固定期限的劳动合同,应当订立无固定期限的劳动合同。

第三十一条:劳动者解除劳动合同,应当提前三十日以书面形式通知用人单位。

第三十六条:国家实行劳动者每日工作时间不超过八小时、平均每周工作时间不超过四十四小时的工时制度。

第四十四条:法定休假日安排劳动者工作的,支付不低于工资的百分之三百的工资报酬。

第一百条:用人单位无故不缴纳社会保险费的,由劳动行政部门责令其限期缴纳;逾期不缴的,可以加收滞纳金。

保障劳动者合法权益,需要相关部门加强劳动监察、不断拓宽维权渠道,但也需要劳动者自身充分了解与劳动保护相关的法律法规、了解维权的程序。只有这样,才能及时固定证据,第一时间向法律援助机构求助,也才能保证维权顺利进行。

2. 《劳动合同法》部分条款

第九条:用人单位招用劳动者,不得扣押劳动者的居民身份证和其他证件,不得要求劳动者提供担保或者以其他名义向劳动者收取财物。

第十条:建立劳动关系,应当订立书面劳动合同。已建立劳动关系,未同时订立书面劳动合同的,应当自用工之日起一个月内订立书面劳动合同。

第十九条:劳动合同期限三个月以上不满一年的,试用期不得超过一个月;劳动合同期限一年以上不满三年的,试用期不得超过二个月;三年以上固定期限和无固定期限的劳动合同,试用期不得超过六个月。

第八十二条:用人单位自用工之日起超过一个月不满一年未与劳动者订立书面劳动合同的,应当向劳动者每月支付二倍的工资。

二、签订劳动合同

(一)劳动合同的条款

根据《劳动合同法》的明确规定,用人单位与劳动者签订劳动合同应以书面形式确立,劳动合同内容就是劳动合同中包含的具体条款。劳动合同的条款分为必备条款和补充条款。

1. 必备条款

① 用人单位的名称、住所和法定代表人或者主要负责人。

② 劳动者的姓名、住址和居民身份证号码或者其他有效身份证件号码。

③ 劳动合同期限。它指的是劳动合同的有效时间,是双方当事人所订立的劳动合同起始时间和终止时间,即劳动关系具有法律效力的时间。

④ 工作内容和工作地点。工作内容包含从事劳动的工种、岗位,以及应该完成的生产(工作)任务及工作班次等;工作地点指的是劳动者具体的上班地点,对劳动者来说越详细越好。

⑤ 劳动报酬。它主要包括工资、奖金、津贴和补贴等。

⑥ 社会保险。包括缴纳的类别、缴纳比例等。

⑦ 劳动保护、劳动条件和职业危害防护。劳动保护部分前文已介绍,此处不再赘述。

⑧ 法律、法规规定应当纳入劳动合同的其他事项。如劳动纪律、劳动合同终止的条件等。

2. 补充条款

涉及以下情况可在劳动合同中增加补充条款:

用人单位与劳动者协商一致的;

劳动者在试用期间被证明不符合录用条件的;

劳动者严重违反用人单位的规章制度的;

劳动者严重失职,营私舞弊,对用人单位造成重大损害的;

劳动者同时与其他用人单位建立劳动关系,对完成本单位的工作任务造成严重影响,或者经用人单位提出,拒不改正的;

劳动者以欺诈、胁迫的手段或者乘人之危,使用人单位在违背真实意思的情况下订立或者变更劳动合同的;

劳动者被依法追究刑事责任的。

(二) 签订劳动合同的注意事项

1. 必须清楚地知道和自己签约的单位

签劳动合同时要看清合同双方。通常劳动合同只会出现两方:一方为用人单位,另一方为劳动者。

2. 不要轻信口头承诺

从法律上讲,用人单位对于和劳动者签订劳动合同时给出的承诺都应当记录于劳动合同中,但是鉴于当前毕业生市场的供需关系,毕业生要求用人单位将所有口头承诺都在劳动合同中列明是不现实的。所以毕业生应该在签订劳动合同时问清自己最关心的问题。

3. 明确违约责任

一般来说,毕业生在与用人单位签订劳动合同后,就会停止寻找工作。一旦用人单位没有按照约定履行合同内容,对于毕业生来说,失去的不仅仅是这份工作,更是很多寻找其他优越的工作机会。所以明确违约责任及金额对于毕业生来说是非常重要的。

4. 签订的劳动合同必须手持一份

劳动合同只有自己持有的时候才会对自己产生法律上的保障。其一是将来为自己主张权利时作为举证内容；其二是防止合同内容被人篡改。如果毕业生没有持有劳动合同，将来一旦用人单位出现违约情况，毕业生便无法举证。

> **拓展阅读**
>
> **学生兼职**
>
> 大学生的主要任务是学习，其本身不算是正式劳动者，仍归属于学校统一管理，不具有出卖人力资源换取报酬的资格，兼职主要是为了增加社会实践经验。一般而言，这种情况是不签订劳动合同的，只签订实践用工协议或实习协议、勤工助学协议等，这属于劳务合同的一种，但不属于《劳动法》调整的范畴。对此，原劳动部颁发的《关于贯彻执行〈中华人民共和国劳动法〉若干问题的意见》第 12 条规定："在校生利用业余时间勤工助学，不视为就业，未建立劳动关系，可以不签订劳动合同。"
>
> 兼职属于双重劳动关系的一种。但是，由于兼职所建立的劳动关系属于次要劳动关系，因此并不为法律所禁止。而法律明令禁止的是，处于虚拟地位的多个劳动关系。如我们常说的停薪留职，与一个单位存在名义上的劳动关系，又同时与多个单位存在事实上的劳动关系。这种行为极大地扰乱了我国的劳动管理秩序，因此为法律法规所禁止。如果兼职只是向对方提供劳务，而未划入其编制，且并不受其管理与约束，那么并不承认兼职的劳动关系，而只是劳务关系，不属于《劳动法》调整的范畴。

三、劳动者的合法权益

劳动者的权利主要包括平等就业和选择职业权、劳动报酬权、劳动安全卫生权、职业培训权、休息休假权、社会保险和福利权、劳动争议处理权等。

（一）平等就业和选择职业的权利

劳动是人民生活的第一个基本条件。平等就业的权利是指具有劳动能力的公民平等地享有获得职业的机会，这一权利不受民族、种族、性别、宗教信仰、年龄、文化、经济能力等因素的影响。

劳动者有权根据自己的意愿，自身的素质、能力、志趣和爱好，以及市场信息等选择适合自己才能、爱好的职业，即劳动者拥有自由选择职业的权利。能够自由选择职业有利于劳动者充分发挥自己的特长，从而促进社会生产力的发展。这既是劳动者劳动权利的体现，也是社会进步的标志。

（二）取得劳动报酬的权利

劳动报酬权是指劳动者依照劳动法律关系履行劳动义务，由用人单位根据按劳分配的原则及劳动力价值支付报酬的权利。一般情况下,劳动者只要在用人单位的安排下按照约定完成一定的工作量,就有权要求按劳动取得报酬。工资分配应当遵循按劳分配原则,实行同工同酬。用人单位支付劳动者的工资不得低于当地最低工资标准。工资应当以货币形式按月支付给劳动者本人,不得克扣或者无故拖欠。劳动者在法定休假日、婚丧假期间和依法参加社会活动期间,用人单位应当依法支付工资。

(三)获得劳动安全卫生的权利

劳动者可要求单位提供安全的工作环境以及必要的劳动保护用品,以保障本人的安全和健康。对于16~18周岁的未成年工、女工,以及从事有毒有害、高温辐射、井下作业等特殊工种行业的人员,要有特殊的劳动安全卫生保护。

(四)享有接受职业技能培训的权利

职业技能培训是指对准备就业的人员和已经就业的职工,以培养其基本的职业技能或提高其职业技能为目的而进行的技术业务知识和实际操作技能教育和训练。我国宪法规定,公民有受教育的权利和义务,所谓受教育既包括受普通教育,也包括受职业教育。接受职业技能培训的权利是劳动者实现劳动权的基础条件,劳动者要从事劳动,必须拥有一定的职业技能,而要获得这些职业技能,就必须参加专门的职业培训。

(五)休息休假权

相关法律规定,劳动者有休息的权利,国家规定了职工的工作时间和休假制度。近年我国对休息制度做了较大调整,由原来的每周48小时工作制改为44小时。缩短工时是提高劳动生率的一种手段,也适应了劳动者生活水平提高的需要。休息休假的法律规定既是实现劳动者休息权的重要保障,又是对劳动者进行劳动保护的一个方面。《劳动法》规定,用人单位不得任意延长劳动时间。

(六)享受社会保险和福利的权利

为了给劳动者患疾病时和年老时提供保障,《劳动法》规定,劳动者享有社会保险和福利的权利,即劳动者享有包括养老保险、医疗保险、工伤保险、失业保险、生育保险等在内的劳动保险和福利。社会保险和福利是劳动力再生产的客观需要。

(七)提请劳动争议处理的权利

当劳动者与用人单位发生劳动争议时,劳动者享有提请劳动争议处理的权利,即劳动者享有依法向劳动争议调解委员会、劳动仲裁委员会和法院申请调解、仲裁,提起诉讼的权利。其中,劳动争议调解委员会由用人单位、工会和职工代表组成,劳动仲裁委员会由劳动行政部门代表、同级工会代表、用人单位代表组成。

(八)法律规定的其他劳动权利

我国法律规定的劳动者享有的其他权利包括:依法参加工会的权利,依法参与民主管理的权利,依法参加社会义务劳动的权利,从事科学研究、技术革新、发明创造的权利,依法解除劳动合同的权利,对用人单位管理人员违章指挥、强令冒险作业拒绝执行的权利,对危害生命安全和身体健康的行为提出批评、举报和控告的权利,对违反劳动法的行为进行监督的权利,等等。

四、求职安全

(一)求职安全概述

目前,就业市场波涛汹涌,大学生既要敢于激流勇进,又要谨防险滩暗礁。只有在日常的学习生活中积累安全知识,在选择求职信息、投放个人资料、面试、试用等各个环节提高警惕,小心应对,才能够顺利就业,和谐创业。

(二)求职陷阱

求职过程中存在许多骗局,下面列举3个常见的求职陷阱。

1. 培训贷

培训贷是指某些培训机构将高薪就业作为诱饵,向求职人员承诺培训后包就业,但须向指定借贷机构贷款支付培训费用。

(1)识别要点

① 入职门槛低;

② 高薪酬,优福利;

③ 承诺培训后即就业;

④ 画大饼吸引人,饥饿营销引人上钩。

(2)常见套路

与贷款机构合作,冒充招聘公司在招聘网站上发布大量虚假招聘信息,吸引求职者到本公司贷款培训。很多求职大学生在"高薪待遇""前途光明""无须工作经验"等虚假信息的诱惑下,很难拒绝眼前的"大好工作"。受利益的蒙蔽,未经详细了解便匆忙地签订"不平等条约",变成了任人宰割的"绵羊"。

2. 非法传销

非法传销是指组织者或经营者通过发展人员,要求其缴纳费用或者以购买商品等方式,取得加入或发展他人的资格,牟取非法利益的行为。

(1)识别要点

当前,传销组织往往打着"直销""连锁经营""电子商务""人际网络营销"等旗号从事传销。

① 参加者通过缴纳"人头费"或"资格费"取得加入、介绍他人加入的资格;

② 传销的商品价格严重背离商品本身的实际价值;

③ 通过介绍他人参加发展下线人员,并由此建立具有上下层级内部财富再分配关系的组织体系;

④ 组织者利用参加者交付的部分费用支付先参加者的报酬维持运作。

(2)常见套路

以招聘为名,行非法传销之实。传销组织采用介绍加入的方式发展新成员,求职大学生多是被同学、同乡、亲戚、朋友等以找工作的名义骗到传销组织,有的传销组织还直接到就业市场发布招聘广告,谎称单位招聘的岗位是市场营销,而非国家禁止的传销。

3. 电信诈骗

电信诈骗是指以非法占有为目的,利用手机短信、电话、互联网等传播媒介,以虚构事实或隐瞒事实真相的方式,骗取数额较大的公私财物的行为(又称非接触性诈骗或远程诈骗)。

(1)识别要点

① 作案方式信息化;

② 作案形式集团化;

③ 作案目标广泛化;

④ 赃款流动快速化。

虽然骗子的手段层出不穷且更迭迅速,但电信诈骗有一个共同规律,就是取得诈骗对象的银行卡密码,所有的诈骗只有一个终极目标——"钱"。只要牢牢地抓住"钱"这个核心要点,就能妥善应对绝大部分的电信诈骗套路。

(2)上当后的补救措施

假如不幸被骗,财产遭受了损失,一定要及时采取以下3条补救措施:

① 保留电子证据材料;

② 及时拨打110报警或向派出所报案;

③ 看对方的账户是哪家银行的,然后用电话拨打该银行的客服电话,输入汇款的目标账号(骗子的账号),在提示输入密码时连续5次输入错误,这时该账号会自动锁定,时间是24小时。这宝贵的24小时将使对方无法将钱转移,可避免损失扩大,也为警方破案提供时间。

拓展阅读

案例一:

华南理工大学某同学收到某公司的一条短信,请其尽快到公司来面试,但该同学简历都没投过这个公司,就打电话去询问,对方答复在某人才网上看到的。同学按时赴约,但找不到地方,就再次联系公司。很快一个骑摩托的人过来接同学。车刚开,骑摩托的人就让同学通知公司说很快就到了,在电话中公司对同学说让骑摩托的人接电话另有事安排。同学刚把电话递给骑摩托的,一份文件就从车上落了下来,出于礼貌同学下车帮忙捡文件,等捡起文件,摩托车已经不见了,手机和包也跟着去了。

案例二:

暨南大学韩同学在一招聘会上给一家科技公司投了简历,经过简单的现场面试,即被通知下午去公司面试。下午,接待的她还是上午的招聘人员。招聘人员把她领进一个办公室,当着她的面给"经理"打电话,然后对她说"经理"要等会儿才来,让她先等一会儿。过了约五分钟"经理"还没过来,招聘人员欲再次打电话给"经理",不巧他手机没电了,就借小韩手机一用,小韩也没多想就直接给了他,招聘人员称室内电话听不清楚就出去了,结果一去不复返。

> **案例三：**
> 小刘很顺利地通过了一家公司的面试，并参观了公司，觉得很正规。很快公司通知其参加培训，并要缴纳250元的"培训费"。小刘觉得机会难得，交了钱并参加了培训。培训后公司又组织进行体检，体检费100元，但小刘却因为视力不符合要求被公司拒绝录用。后来小刘发现差不多每次招聘会这个公司都在招人，才知道受骗。
>
> 　　有关人士提醒，在求职过程中一定要提高警惕，擦亮眼睛，防止被骗。
>
> 　　首先，大学生找工作时，一定要了解清楚求职单位的真实背景和单位性质。投简历前，可以通过自己的朋友、工商部门、学校就业指导中心等各种关系核实单位的真实性。
>
> 　　其次，应该在信誉度高的招聘会和专业人才网站应聘，但对自己的个人信息做必要的保留，尤其是在网络上。现在好多毕业生都通过网络找工作，但有些专业人才网络缺乏严格的审查制度，容易出现违法招聘。而且学生的个人资料也是公开的，甚至自己的详细住址和手机号码也是公开的，这为骗子提供有利的条件。
>
> 　　最后，国家明令禁止在招聘过程中以任何的名义收取费用，包括培训费等。但凡要求缴纳费用的都应该警惕。
>
> （资料来源：https://www.yjbys.com/qiuzhizhinan/show-454173.html，有改动。）

五、劳动权益纠纷

（一）常见的劳动权益纠纷

1. 劳动合同纠纷

用人单位与劳动者因订立、履行、变更、解除和终止劳动合同发生的争议属于劳动合同纠纷。劳动合同纠纷主要包括劳动关系确认纠纷、集体劳动合同纠纷、劳动派遣合同纠纷、兼职劳动纠纷等。

【基本案情】 廖某与某服务公司签订劳动合同，服务公司将其派遣至某通信公司工作。劳动合同履行期间，服务公司以其与某通信公司的劳务派遣协议合同期满，双方未再续签为由，向廖某提出两个方案，即由新劳务派遣单位与廖某签订新的劳动合同或双方协商解除劳动合同。廖某对上述方案均不接受，在服务公司解除劳动合同后起诉，要求服务公司支付赔偿金。

【裁判结果】 深圳市中级人民法院审理认为：服务公司在与通信公司的劳务派遣协议合同期满后向廖某提出的两个选择方案，实质均为与廖某解除劳动合同，而并未提出变更劳动合同的方案与廖某协商。服务公司解除与廖某的劳动合同不符合《劳动合同法》第四十条规定，属于违法解除，判令服务公司向廖某支付违法解除劳动合同的赔偿金。

【典型意义】 本案是劳务派遣合同引发的劳动争议。用人单位单方解除劳动合同应当遵循法律规定。用人单位与用工单位的劳务派遣协议期满且未续签，不属于法律规定用人单位可解除劳动合同的情形。在双方未能就变更劳动合同达成一致意见的情况下，用人单位单方解除劳动合同,属于违法解除,应当向劳动者支付违法解除劳动合同的赔偿金。

2. 劳动报酬纠纷

劳动报酬纠纷主要是指劳动者与用人单位在履行劳动合同期间发生的劳动报酬纠纷,如工资核算标准和支付、企业拖欠职工工资或非法扣除、未按约定支付佣金(或奖金)、加班工资、女职工三期工资等。

【基本案情】 某电子公司单方面将符某的岗位津贴设置为考核工资,只有完成一定的考核才能领取该工资,没有完成则不能足额发放,变相降低了工资,并因为符某不同意降低底薪,将其从公司的微信工作群移出以逼其离职。因符某仍在处理客户相关事宜,电子公司遂口头辞退符某。符某不服劳动仲裁裁决后向人民法院起诉,要求电子公司支付违法解除劳动合同赔偿金。

【裁判结果】 深圳市中级人民法院审理认为:电子公司未提交证据证明双方约定的销售目标、符某的业绩,以及有关销售不达标处理的规章制度。符某提交的工资条显示其岗位津贴从原有的2 000元降为0元,电子公司未能举证证明降低符某薪酬的合理性及合法性,亦无证据证明双方就调整工资结构协商一致。电子公司在此情形下解除与符某的劳动关系,应向符某支付违法解除劳动合同赔偿金。

【典型意义】 获取劳动报酬是劳动者的一项重要权利。用人单位调整劳动者的薪酬待遇,实质上是对劳动合同的约定进行变更,应遵循平等自愿、协商一致的原则,不得违反法律、行政法规的规定。用人单位违法解除劳动合同,应向劳动者支付违法解除劳动合同赔偿金。

3. 休息纠纷

根据《劳动法》的规定,企业在保障劳动者休息权方面应履行的义务包括:遵守法定工作日长度,保障劳动者每周休息日,遵守国家法定节日和带薪年假,保障劳动者患病伤害期间依法享有的病假,保障女职工生育假。

【基本案情】 1996年9月,沈某参加工作,先后入职若干单位,2006年4月在离开前一用人单位之后随即入职某设备公司。2019年7月,沈某以其入职后未享受过年休假待遇为由,与设备公司解除劳动合同,并申请劳动仲裁后起诉,诉请设备公司支付未休带薪年休假工资等。

【裁判结果】 广东省高级人民法院再审认为:《企业职工带薪年休假实施办法》第四条规定,年休假天数根据职工累计工作时间确定。职工在同一或者不同用人单位工作期间,以及依照法律、行政法规或者国务院规定视同工作期间,应当认定为累计工作时间。再审将沈某在入职设备公司之前的工作时间进行累计,确定其享有年休假天数,并据此认定其应得的未休带薪年休假工资。

【典型意义】 带薪年休假是劳动者的一项重要权利。劳动者参加工作先后入职不同用人单位,其可休年休假天数应根据累计工作年限确定。本案对推动用人单位依法保障劳动者享受年休假待遇具有积极意义。

4. 社会保险纠纷

根据《劳动法》的规定，用人单位应当依法为职工缴纳养老保险、医疗保险、失业保险、生育保险和工伤保险。未参加社会保险，特别是未参加工伤保险的，在绝大多数情况下与用人单位发生纠纷。

【基本案情】 何某生于1956年，于2001年1月1日进入某机械制造有限责任公司工作。2016年4月，公司通知何某因为将满60周岁，下个月不要来公司上班了。2016年4月，何某到社保处咨询，发现公司一直没有为其缴养老保险。同时，社保处工作人员告知：参加基本养老保险的个人，达到法定退休年龄时累计缴费不足十五年的，可以由用人单位补建补缴养老保险，缴费至满十五年，方可按月领取基本养老金。何某向公司提出要公司为其补建补缴养老保险，公司一直没有答复。2016年5月4日，何某从社保处取得个人不能补缴养老保险证明。由于累计缴费不足十五年，何某不能及时退休而享受养老保险待遇，因此提起仲裁请求。

【裁判结果】 仲裁委员会支持申请人的仲裁请求。仲裁委员会裁决该公司支付其养老保险待遇损失 15 年×1 480 元/月×12 月＝26.64 万元（按平均寿命75岁计算）。

【典型意义】 劳动者以用人单位未为其办理社会保险手续，且社会保险经办机构不能补办导致其无法享受社会保险待遇为由，要求用人单位赔偿损失而发生争议的，人民法院应予受理。

（二）劳动争议的解决方式

根据《劳动法》相关规定，用人单位与劳动者发生劳动争议，当事人可以依法申请调解、仲裁，提起诉讼，也可以协商解决。调解原则适用于仲裁和诉讼程序。以下是我国法律关于劳动争议发生后可供选择的4种典型解决方式。

1. 协商

劳动争议发生后，当事人首先应当协商解决。协商一致的，当事人可以形成和解协议。但和解协议不具有强制执行力，需要当事人自觉履行。协商不是处理劳动争议的必要程序，当事人协商不成或不愿协商的，可以依法申请调解和仲裁。

2. 调解

（1）调解组织

劳动争议的调解组织包括企业劳动争议调解委员会，基层人民调解组织，在乡镇、街道设立的具有劳动争议调解职能的组织。企业劳动争议调解委员会由职工代表、企业代表组成。

（2）调解协议书

调解协议书由双方当事人签名或盖章，经调解员签名并加盖调解组织印章后生效，对双方当事人具有约束力，当事人应当履行。

（3）调解不履行的情形

调解协议一方当事人不履行的，另一方可以依法申请仲裁。因劳动报酬、工伤医疗费、经济补偿或赔偿金事项达成调解协议，用人单位在约定期限内不履行的，劳动者可以持调解书向法院申请支付令。

3. 仲裁

（1）劳动争议仲裁的特点

劳动争议仲裁与《中华人民共和国仲裁法》规定的仲裁比较而言有以下4点不同：

① 主体不同。劳动仲裁委员会是行政机关；商事仲裁是民间组织。

② 解决对象不同。

③ 管辖不同。劳动仲裁是法定管辖；商事仲裁是约定管辖。

④ 诉讼关系不同。劳动仲裁是"先仲后诉"；商事仲裁是"或仲或诉"。

（2）劳动争议仲裁解决原则

劳动争议仲裁解决应遵循一次裁决原则、合议原则和强制原则。

（3）劳动争议仲裁的申请与受理

① 申请。申请时效期间为1年。注意中断（主观事由）与中止（客观事由）的条件。

② 受理。收到仲裁申请之日起5日内受理。受理后5日内送达仲裁申请书副本。10日内提交答辩状。

③ 审理。申请人无正当理由拒不到庭或中途退庭，视为撤回申请；被申请人无正当理由拒不到庭或中途退庭，可缺席裁决。部分事实清楚的，可就该部分先行裁决。

④ 执行当事人对仲裁裁决不服的，可自收到仲裁裁决书之日起15日内向人民法院提起诉讼。逾期不起诉的，仲裁裁决即发生法律效力。一方当事人不履行的，另一方当事人可向人民法院申请强制执行。

4. 诉讼

劳动争议当事人对仲裁裁决不服的，可以自收到仲裁裁决书之日起15日内向人民法院提起诉讼。

六、新业态劳动者权益保护的落实

随着我国法治化建设的不断推进，国家对劳动者权益的保护更加重视，相关法律的完善和普法宣传力度也逐年加大，劳动者的理性维权意识和维权能力有所增强。当前，企业用工形式呈现出复杂多样的状态，由此引发的用工纠纷、劳动争议也出现新旧交织的特征。目前既有传统类型的因孕期、产期、哺乳期引发的用工纠纷，也有因网络直播而产生的新型劳动争议。无论是传统类型的用工纠纷，还是新业态的劳动争议，人民法院在审理过程中都应当坚持以人民为中心的理念，在法律框架内把保护劳动者合法权益放在最重要位置，为劳动者撑起法治保护伞。审理法官还应当掌握法律条文背后蕴含的精神、原则，把用工纠纷的案情查清，把劳动争议的焦点找准，只有这样，人民法院才能在能动司法的前提下做到公正司法，最终实现案结、事了、人和的目标。同时，劳动者也应当积极培育办事依法、遇事找法、解决问题按法、化解矛盾靠法的素养，善于运用法治思维和方式处理自身与用人单位之间产生的劳动争议，双方携手共建和谐的劳动秩序。

平台经济快速发展而出现的新就业形态，在稳定增加就业、提升居民收入方面发挥了积极作用。为保障新业态从业劳动者的合法权益，更好发挥新就业形态在稳就业、保民生中的作用，我国出台《关于维护新就业形态劳动者劳动保障权益的指导意见》等文件，明确新业态从业劳动者权益保障责任，完善基本养老保险、医疗保险等相关政策，推动出行、外卖、即时配送、同城货运等行业新业态从业人员职业伤害保障试点工作，不断补齐劳动者权益保障短板，取得积极成效。但目前仍然存在一些问题有待解决：一是新业态从业劳动者权益保护的核心议题有待厘清。例如将新业态从业劳动者权益保障和传统劳动权益保障混为一谈，不能准确把握新业态从业劳动者权益保障问题的特点。二是相关制度规范法律位阶和层级不高。目前多是从部门规章或者地方的规范性文件层面规定新业态从业人员劳动保障的权益问题，《劳动法》等法律对此回应还不够，影响制度的权威性、稳定性和实施效果，尤其是一些规范性文件在内容表述上原则性强，对实践的指导不够明确。三是劳动诉求集体协商机制不完善。2021年修订的《中华人民共和国工会法》虽然明确了新业态从业劳动者有参加和组织工会的权利，但规定较笼统，尤其是在具体操作层面工会如何集体协商，怎么同行业协会、头部企业或企业代表组织开展协商较模糊，亟须破解"操作性"困局。

准确把握新业态从业劳动者权益保护问题的特殊性。新业态从业是与传统就业存在显著差异的就业形态，从业人员没有明确用人单位或者有多个用工主体，灵活性和去组织化既是其特点也是其优势，不能套用过去的劳动关系标准甚至框住鲜活的新业态实践。换言之，我们需要重视新业态从业人员的劳动权益，更要注重与劳动权益相关甚至是更紧迫的其他权益的保护问题，例如他们在职业替代风险上的严峻性，在工会救济上的不完全性。因此，新业态从业劳动者权益保障更需关注诸如充分就业机会、应对经济形势变动的职业保障、获得技术与保持技术的机会、掌握技术更新手段、就业培训、收入保障、通过工会以及社会对话机制发出集体声音等方面的权益。

加强顶层制度设计，进一步完善法律法规。现行法律法规对于灵活化、网络化、碎片化的新就业形态关照不足，要提炼总结现有规范性文件和实践中围绕新业态从业人员权益保护的好做法，并适时将其上升为法律。要主动适应新就业形态的新变化和新要求，基于新业态劳动本身建立从业人员权益保障体系，承认新就业形态劳动的法律地位；从调整传统标准劳动关系向落实从业人员劳动的就业、权利、保护和诉求方面转移，弱化社会保险、职业安全等基本劳动权益对劳动关系的依附性，关注他们因客观原因而永久退出劳动力市场的权利保护问题；强化新就业形态类型化的法律规制思维，以"去雇主化""多雇主化""标准劳动关系下劳动方式的新型化"为基础分别构建新业态从业劳动者权益保护体系，例如"去雇主化"用工的职业伤害保障问题、"多雇主化"用工的劳务关系认定问题须法律精准规制。如果短时间内国家无法正式统一立法，应尽快制定新业态从业劳动者权益保障的行政法规，明确新业态从业劳动者的权利义务，使立法更好适应并满足新业态从业劳动者权益保护的需要。

完善新业态从业劳动者权益保护的实施机制。探索建立新业态从业人员统计监测调查制度，将未建立劳动关系但持续为平台提供服务的新业态从业劳动者纳入就业监测和就业统计,全面、及时、准确地掌握新业态从业人员发展变化情况。相关部门应充分运用大数据、区块链等新技术,精确评估不同行业和工种新业态从业劳动者的从业风险,在用工合同指导、职业培训、社会保险参保和职业伤害保障试点等方面提供更精准的指导意见。探索建立适应新就业形态的工会服务工作机制。以问题为导向,不断推进工会扁平化运作,增加工会基层工作者数量,工会定期发布新就业形态职业伤害保障试点等方面的调研报告,根据不同用工类型制定规范化的格式合同,优化新业态从业劳动者的意见表达、处理和反馈的流程,探索适合新业态从业劳动者的集体谈判和代表诉讼方式,帮助他们在发生劳动争议时有效取证并维权等,解决好当前新业态从业劳动者建会入会后要干什么、怎么干的问题。借助大数据,升级新业态从业劳动者权益执法能力;定期发布新业态从业劳动者权益保护的指导性案例,强化制度预期;政策宣传亲民化,让相关人员及时了解最新政策,推动新业态从业劳动者权益保护的精确化、网格化和数字化。

维护好新业态从业劳动者合法权益,事关更充分更高质量就业,事关公平正义,事关社会和谐稳定。我们要紧跟现实,对相关案件进行及时总结、归纳,提炼具有前瞻性、指引性的规则,将对劳动者的保护落到实处。

思考与练习题

1. 大学生如何培养劳动安全意识?
2. 常见的劳动安全隐患有哪些?
3. 如何为劳动者争取劳动权益?

实 践 篇

项目一 校园劳动实践

任务一 节约粮食

节约是一种传统美德，节约更是一种责任。从表面上看，浪费只是个人行为，但从本质上讲，它却体现出了一个人的综合素质。节约粮食是我们每个人应尽的义务。浪费是一种可耻的行为，即使在发达国家，节俭也被视为一种美德，这不但是对劳动的尊重，也是一种社会责任。减少浪费并不难，在日常生活中不过是举手之劳，只要存有节约的意识，其实做起来很简单。让我们同心协力，拿出实际行动，从现在做起，从点滴做起，让节约粮食内化为自觉行为，成为习惯，并把爱惜粮食、节约粮食的活动一直坚持开展下去，为建设节约型校园做出应有的贡献（图 2-1-1）。

图 2-1-1 福州职业技术学院"珍惜粮食"宣传栏

任务目标

1. 让学生了解学校浪费粮食的情况，认识到节约粮食的重要性和迫切性。
2. 培养学生的实践能力、交际能力和组织能力。

3. 培养学生尊重他人劳动、珍惜劳动成果的品质，牢固树立"节约光荣、浪费可耻"的观念。

4. 通过活动让学生举一反三，由节约粮食向节约水、电伸延，懂得保护环境。

任务实施

一、营造氛围

1. 充分利用广播、国旗下讲话、黑板报、LED 显示屏、主题班团会等形式，向全体师生发出"节约粮食、反对浪费"倡议书及学校实施方案，引导师生不断增强节约粮食、反对浪费的意识（图 2-1-2）。

图 2-1-2　福州职业技术学院"节约粮食"宣传海报

2. 以班级为单位开展以"节约粮食光荣，浪费粮食可耻"为主题的班会活动，就我国人口增加、耕地减少、水资源短缺、粮食安全压力大等现状进行充分的分析和讨论，从而帮助学生树立节约意识。

3. 加强对学生餐厅的督查，查找浪费粮食现象，教育师生认识节约粮食、爱惜粮食的重要性，懂得"粒粒皆辛苦"的深刻意义。

4. 向学生讲解粮食生产、加工的过程，理解农民的辛苦，从自身做起，从现在做起，珍惜每一粒粮食。

二、开展活动，落实行动

1. 组织"节约粮食、反对浪费"签名活动，要求全体师生踊跃参加，并进行宣誓，以表明自己"节约粮食、反对浪费"的决心，从现在开始，从我做起。

2. 实施光盘行动，积极倡导崇尚节俭、科学饮食、健康消费的生活理念，摒弃铺张浪费等不良的饮食消费习惯。

3. 开展师生共进餐活动,发挥教师的示范引领作用,引导学生逐步养成自觉爱惜粮食、文明用餐的好习惯。

任务总结

节约是一种美德,节约也是每一名师生品质的表现,节约更是每一名师生的责任和义务。让我们同心协力,拿出实际行动,从现在做起,从点滴做起,让节约粮食内化为自觉,成为习惯,并把爱惜粮食、节约粮食的活动坚持开展下去。

1. 通过努力,彻底杜绝舌尖上的浪费,让节约粮食光荣、浪费粮食可耻的观念深入人心。
2. 培养学生日常节俭的行为习惯,让学生懂得珍惜、节约资源的重要性,巩固节约意识。

教师评价

请根据表 2-1-1 评价学生本次活动的表现。

表 2-1-1 活动评价表

评价内容	分值	得分
活动策划情况	25	
活动组织情况	25	
活动参与情况	25	
活动实际报告	25	
合计	100	

任务二 图书管理分类

图书管理是现代文化建设的重要组成部分,而图书归类管理规定作为图书管理的重要环节,对提高图书管理水平、促进图书知识传播起着至关重要的作用。参与图书馆图书管理分类实践,能够倡导志愿服务理念,引导广大青年学生继承优良传统,提升思想觉悟,让更多的大学生走进图书馆、了解图书馆、爱上图书馆,同时给大学生提供一个参与实践、锻炼自我、丰富校园生活的机会。

任务目标

1. 使学生加深对图书馆、阅览室及相关场所用途的认知,了解阅览室是读书的圣地、求知的摇篮、文明的场所,应时刻保持安静、整洁、美观。

2. 提高学生综合素质,使学生所学专业知识与实际生产生活相结合,从而提高其思想道德素养、科学文化水平、实践能力、心理健康素质等。

3. 锻炼学生的体力和脑力,使其增强劳动光荣的意识。

4. 增强学生的规则意识,尊重他人的劳动成果。

5. 提升学生的纪律观念,主动遵守图书馆相关规定,增强劳动中主动监督的意识。

任务实施

一、活动宣传

1. 学期初,由学校向各学院下发本学期图书管理岗位通知及岗位要求,学院向各专业班级学生传达。

2. 学校负责教师向学生介绍图书管理岗位职责及人员要求。

二、活动参与

1. 学生填写申请书,学院根据实际情况签署意见,报勤工助学中心备案。

2. 经批准,勤工助学中心将参加活动的学生资料录入勤工助学管理系统,统一组织岗前培训,为培训合格的学生发放上岗证。

3. 学生持上岗证直接上岗,或竞争上岗。

三、岗位设置

1. 招聘人数:根据岗位需求设定。

2. 聘任时限:当前学期。

3. 岗位种类:图书馆借还管理岗、图书整理岗。

4. 工作时段:8:00—12:00,14:00—18:00,19:00—20:50。

5. 工作待遇:参照学校勤工助学标准发放工资。聘期结束后,学校为考核合格者出具实习证明。

四、岗位职责要求

1. 要求责任心强,工作踏实仔细,能够很好地完成上级交办的各项工作任务。

2. 做好书本整理、上架及统计添加、删除和修改图书借阅者的基本信息等工作。

3. 对书籍进行定期除尘,做好防火、防虫、防潮等工作。

4. 协助校图书管理员完成其他工作。

五、注意事项

1. 在同一时期内,每名学生只能申请一个工作岗位。

2. 学生如果要中途退岗,必须提前一周向本部门的指导教师递交离岗申请。

任务总结

图书归类管理规定是图书管理中至关重要的环节之一,科学合理的规定可以有效提高图书的利用率和安全性,促进知识传播和文化建设。整个活动的过程中,学生凭借无私奉献的可贵精神,完成图书馆书籍的分类整理,能够体会图书管理员的辛苦,明白阅读之后书籍准确放置的重要性。

 教师评价

请根据表 2-1-2 评价学生本次活动的表现。

表 2-1-2　活动评价表

评价内容	分值	得分
活动策划情况	25	
活动组织情况	25	
活动参与情况	25	
活动实际报告	25	
合计	100	

项目二　家庭劳动实践

任务一　整理收纳

整理收纳不是简单的扔东西和归置物品,而是一个决策和判断的过程。有不少人把整理、收纳当作一件事,其实,整理和收纳有先后顺序。整理不是不分青红皂白地扔东西,而是有选择、有意识地为自己保留合适的物品。做完整理,才能进入收纳,否则,没有整理的过程,收纳只是在打造一个漂亮的仓库。

整理收纳是我们生活中必不可少的一项技能,它能让我们的生活更加有条理和舒适,有助于提高我们的效率和生活品质。整理收纳对于学生尤为重要,它可以锻炼学生的动手能力和创造力。

任务目标

1. 让学生了解在家中及在学校收纳书橱和衣橱的方法,以及其他物品的收纳方法。
2. 使学生掌握收纳书橱和衣橱的方法和技巧。
3. 让学生养成良好的收纳习惯,增强家庭责任感。

任务实施

一、清理杂物垃圾

1. **分类整理**。将所有物品按照种类进行分类,如衣物、鞋子、书籍、文具等,然后将它们放到不同的区域。

2. **清理垃圾**。将所有垃圾、废品、破损物品等进行清理,放到一个统一的垃圾袋中,方便后续处理。

3. **捐赠或出售**。捐赠或出售不再使用的物品,如旧衣服、旧鞋子、旧书籍等,可以通过二手平台或者慈善机构进行处理。

4. **整理收纳**。整理收纳剩余的物品,如将衣物放到衣柜中,将鞋子放到鞋柜中,将书籍放到书架上,将文具放到收纳盒中等(图 2-2-1)。

5. **保持整洁**。在整理收纳完成后,要保持整洁的状态,如定期清理灰尘、擦拭物品表

 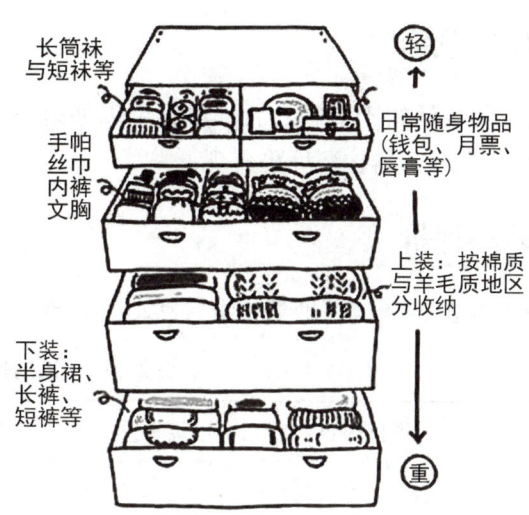

图 2-2-1　收纳整理示范

面、收拾杂物等。

二、优化收纳方案

1. 分类整理。将物品按照类别分成不同堆，如衣物、书籍、文具等。

2. 丢弃无用物品。丢弃已经损坏或不再需要的物品，减少占用空间。

3. 清洁打扫：清洁打扫家里的地面、墙壁、家具等，为整理物品做好准备。

4. 优化收纳。根据不同物品的特点，选择适合的收纳方式，如衣物、鞋子可以使用衣柜、鞋柜等，书籍可以使用书架、收纳盒等。

5. 标记整理。对于收纳好的物品，可以进行标记整理，如标记衣柜的衣服种类，标记收纳盒的物什类等，方便日后查找。

三、打扫清洁房间

1. 收拾杂物。将房间中的杂物分类整理，分为需要保留和需要丢弃的物品。需要丢弃的物品可以直接扔进垃圾桶，需要保留的物品则收纳归位。

2. 整理家具。将家具移动到合适的位置，清洁家具表面的灰尘和污垢。

3. 扫地。使用扫帚或吸尘器清理地面上的灰尘和杂物。如果地面比较脏，可以使用拖把或蒸汽清洁器进行深度清洁。

4. 擦窗。清洁窗户表面的灰尘和污垢，让阳光可以更好地照射进房间。如果窗户比较高，可以使用梯子和专业的清洁工具。

5. 整理衣柜。将衣柜中的衣物分类整理，分为需要保留和需要丢弃的衣物。需要丢弃的衣物可以捐赠或扔进垃圾桶，需要保留的衣物则可以整理好放回衣柜。

6. 换床单。床单是最容易藏污纳垢的物品,需要定期更换。将床单、被套和枕套拆下来清洗干净,并换上新的。

🧭 任务总结

真正的生活始于整理之后。学生可以通过整理收纳物品,放松心情,充分体验家庭劳动的快乐,同时让居住环境更美观。

🧭 教师评价

请根据表 2-2-1 评价学生本次活动的表现。

表 2-2-1　活动评价表

评价内容	分值	得分
活动策划情况	25	
活动组织情况	25	
活动参与情况	25	
活动实际报告	25	
合计	100	

任务二　垃圾分类

随着生活质量的提高,人们每天产生的垃圾数量越来越多,所以当前最重要的任务就是做好垃圾分类,这是我们每个人应尽的义务。

垃圾分类一般是指按一定规定或标准将垃圾分类储存、投放和搬运,从而转变成公共资源的一系列活动的总称。垃圾分类的目的是提高垃圾的资源价值和经济价值,减少垃圾处理量和处理设备的使用,降低处理成本,减少土地资源的消耗,具有社会、经济、生态等方面的效益。

🧭 任务目标

1. 规范生活垃圾分类、投放、收集、储存工作。
2. 使学生养成垃圾分类习惯,促进资源回收利用,改善城乡环境。
3. 倡导简约适度、绿色低碳的生活方式,创建生态、美丽的校园环境(图 2-2-2)。

图 2-2-2　福州职业技术学院垃圾分类宣传栏

任务实施

一、活动准备

活动开始前,由活动负责人介绍活动的目的、意义,具体活动内容和相关要求,提醒学生做好个人安全防护。学生自由分组进行活动。活动负责人为每组成员准备好四色垃圾袋、一次性手套、口罩、卫生工具等。

二、垃圾收集

各小组按照分配前往学校指定地点(餐厅、学生公寓楼下垃圾桶旁边,道路旁边,绿化林等)收集垃圾,并进行分类,分别装入四色垃圾袋内。在收集过程中遇到乱扔垃圾的行为及时进行劝阻。将可回收垃圾储备好,以便进行手工制作。

收集垃圾时,应做到密闭收集、分类收集,防止二次污染环境。收集后应及时清理作业现场,清洁收集容器和分类垃圾桶,如果采用非垃圾压缩车直接收集的方式,应在垃圾收集容器中内置垃圾袋。

三、投放前

1. 纸类应尽量叠放整齐,避免揉团。
2. 瓶罐类物品应尽可能将容器内产品用尽,清理干净后再投放。
3. 厨余垃圾应做到袋装、密闭投放。

四、投放时

将垃圾放到指定位置。应按垃圾分类标志的提示，将垃圾分别投放到指定的地点和容器中。玻璃类物品应小心轻放，以免破碎。应注意盖好垃圾桶盖，以免垃圾污染周围环境，导致蚊蝇滋生。

五、投放后

1. 将收集到的可回收垃圾回收利用，进行工艺品制作、发明创造等。每组完成一个工艺品即可，活动负责人依据作品制作情况进行评分。

2. 将未用于工艺品制作的可回收垃圾（废塑料制品、包装瓶、废纸屑等）出售给废品回收站，并将所得钱款捐给公益组织。

3. 由活动负责人召集小组成员进行分享讨论，谈收获和感受，达成共识，认识此次劳动教育活动的意义。

任务总结

垃圾分类可以减少垃圾处理量，降低处理成本，减少土地资源的消耗，具有社会、经济、生态三方面的效益。我们要在校园生活和家庭生活中注意垃圾分类，关注垃圾分类的相关知识，为人类共同的生活环境作贡献。

教师评价

请根据表 2-2-2 评价学生本次活动的表现。

表 2-2-2　活动评价表

评价内容	分值	得分
活动策划情况	25	
活动组织情况	25	
活动参与情况	25	
活动实际报告	25	
合计	100	

项目三　社会劳动实践

任务一　走进养老院

社会志愿者是指主动承担社会责任而不关心报酬,奉献个人的时间及精力的人。开展各种志愿服务活动,是培育和践行社会主义核心价值观的有效载体。敬老爱老是中华民族的传统美德,慰问敬老院的孤寡老人,给他们送去关爱与温暖,可以慰藉老人的心灵,为形成良好的社会敬老风气起到一定的作用。

任务目标

1. 使学生学会互帮互助、团结合作、共同进步。
2. 培养学生的合作探究能力和与人交往沟通的能力。
3. 培养学生的社会责任感和团队精神,增强学生服务他人、服务社会的意识。

任务实施

一、活动准备

1. 开展以"走进养老院,践行劳动精神"为主题的动员课,让学生了解此次实践活动的目的、内容及意义。
2. 组织多种形式的宣传活动,充分调动学生参与活动的积极性。
3. 联系敬老院有关负责人,洽谈具体的活动时间和相关事宜。
4. 派人员到活动现场视察环境情况。

二、活动启动

1. 成立不同的活动小组,确定活动时间、活动地点、成员分工等内容。
2. 预设活动结果,调动各小组成员参与活动的主动性与积极性。

三、活动实施

1. 防骗知识宣讲,针对老人容易上当受骗的现象进行防骗知识宣讲,帮助老人学会识别最常见的电信诈骗、邮包诈骗、冒充水电公司等工作人员诈骗、冒用亲友身份诈骗等多种诈骗形式，使老人提高警惕，谨防受骗。

2. 开展老人运动会，选择娱乐性较强、危险性极低的项目，如足球射门、沙包掷准、钓瓶、推铁环、保龄球和夹球等项目，进行比赛，倡导健康的生活方式，丰富老人的精神文化生活。

3. 帮老人打扫卫生。活动结束前，帮助老人打扫室内卫生。

四、活动总结

1. 各小组汇总各个组员在活动期间记录的实践日记、拍摄的照片等。
2. 完成此次实践活动的体会和总结。
3. 回忆实践过程，反思不足之处，以便在今后的实践活动中加以改进。
4. 设计"实践归来话成就"主题活动课，各小组展示实践风采、实践成果，总结实践经验。

任务总结

通过本次活动，学生能够学会用恰当的语言和方式与老人沟通，让老人感受到关爱和尊重，提高沟通能力；通过分工合作，学会相互支持、相互配合，提高团队协作能力。养老院志愿活动能够让学生深刻体会老年人的孤独和需求，认识到作为社会的一分子，应该关注老年人的生活状况，为社会贡献自己的力量。

教师评价

请根据表 2-3-1 评价学生本次活动的表现。

表 2-3-1 活动评价表

评价内容	分值	得分
活动策划情况	25	
活动组织情况	25	
活动参与情况	25	
活动实际报告	25	
合计	100	

任务二 社区健康教育

社区健康教育是指以社区为基本单位，以社区居民为教育对象，以促进居民健康为目标,有计划、有组织、有评价的健康教育活动。社区健康教育的目的是挖掘个人、家庭、社区及社会的保健潜力,从而增进人民健康。

任务目标

1. 带领学生走进社区,加深对社会的了解与认识,理解个体与社会的关系。
2. 使学生关心社会现实,主动探究社会问题,积极参与力所能及的社区服务,发展社会实践能力和社会交往能力。
3. 使学生认识与了解社区服务及其相关流程,端正劳动态度,形成良好的劳动习惯。
4. 引导学生开展问题探究,体验探究过程,养成主动探究的习惯,形成问题意识,发展探究能力和创新精神。

任务实施

一、社区健康教育内容

1. 办好健康教育居民学校。以社区健康教育为主,组织居民群众积极参与健康教育学习培训、座谈会,每年不少于4场,做到授课有计划安排、有教师、有教材、有课时、有记录,开课率达100%。
2. 普及健康教育知识,增强群众健康意识。利用宣传栏等向居民宣传健康保健、卫生科普知识,每季度更换一期宣传专刊内容。引导居民养成健康的生活方式,形成人人讲卫生的好风尚。
3. 广泛开展丰富多彩的健康教育。上街入户宣传并发放健康知识材料,普及健康知识,增强居民的自我保健意识,同时举办健康讲座,以中老年人、妇女的常见病、多发病为重点进行保健咨询,开展健康保健培训,建立老年人健康档案。
4. 重点做好流行病的防治、宣传工作,宣传基本的防治知识。开展全民爱国卫生运动,动手消灭蚊子孳生地,降低蚊虫密度。
5. 开展控烟教育。积极开展倡导不吸烟、不敬烟,主动戒烟的宣传活动,以及普及吸烟的危害的宣传活动。加强对公共场所、单位的控烟宣传,并设立禁烟标志与制度,营造真正的无烟社区。

二、活动实施

1. 开展专题讲座。发放问卷调查表,找出共性问题,根据实际需要,以家庭为单位有针对性地开展公益讲座活动。
2. 开展沙龙研讨活动。围绕社区焦点问题和热点问题展开交流研讨,在互动交流中切实解决"真"问题。
3. 利用宣传橱窗,发挥窗口作用。定期投放公益广告,例如做好垃圾分类、拒绝黄赌毒。

任务总结

健康是人人应当享有的基本权利,是社会进步的重要标志和潜在动力。学生能够通过本次活动提高社会适应能力和运用知识解决实际问题的能力,增强社会责任感。同时拓宽视野,对自己有清醒的定位,不仅能发现自己知识结构中欠缺的部分,也能感受到现实和理想的差距,从而找到努力的方向。

教师评价

请根据表 2-3-2 评价学生本次活动的表现。

表 2-3-2　活动评价表

评价内容	分值	得分
活动策划情况	25	
活动组织情况	25	
活动参与情况	25	
活动实际报告	25	
合计	100	

项目四　农业劳动实践

任务一　种　菜

农业是人类利用自然环境条件,依靠植物的机能,通过劳动来控制或强化植物的生命活动过程,以取得所需要的物质产品的社会生产部门。

农业伴随着人类起源而发展,与人类共存。中国农业随着历史的脚步辉煌了千年,农业文明就像一颗璀璨的明星闪耀在中国大地的上空。中国的农业正在向现代化、规模化和产业化方向发展,农民都变成专业农民,全体农户都变成专业的现代化农业大户。

学校建有景观菜园(图 2-4-1),供学生开展自给自足的农业体验活动,帮助学生了解农业,知道粮食、蔬菜是怎么长出来的,体验干农活的辛苦,体验其中的乐趣。

图 2-4-1　福建职业技术学院劳动教育实践基地

任务目标

1. 提升学生的生产劳动技能。
2. 全面提高学生的劳动素养,帮助学生形成尊重劳动和爱惜食物的意识。
3. 弘扬开拓创新、砥砺奋进的时代精神,营造劳动光荣、创造伟大的校园文化。

任务实施

1. 播种

选择可以直接播种的种子。有些种子比较容易发芽,这样的种子就可以直接种到地里,通过浇水让它发芽长成小苗。

2. 浇水

蔬菜由小苗长大收获,定期浇水是必不可少的。一般来说,温湿的土壤更有利于蔬菜的生长。不同品种的蔬菜对水分的需求不一样,需视具体情况而定。只要不是土壤过干,或者是水过多造成积水,一般蔬菜都能够正常生长。

3. 光照

蔬菜在生长的过程当中,需要进行光合作用产生能量,充足的光照是所有蔬菜和绿色植物生长所必需的条件。不同的蔬菜需要的光照时间不一样,有些蔬菜在过强的阳光下会长得不好,如生菜、菠菜等。一般蔬菜在春秋会长得更好一些。

4. 施肥

生长在土壤中的蔬菜,初期比较小,所需的营养比较少。但随着蔬菜不断长大,土壤提供的营养可能不能满足其生长需求,这时就要施肥。可以根据种植的蔬菜品种及其长势施不同的肥料。

5. 除虫

蔬菜在生长的过程当中,不可避免地会有各种疾病。一般来说,生长期长的蔬菜生病的概率会更高些,这时可以通过喷杀虫药来预防病害。有些蔬菜在生长的过程当中需要进行修剪,这样可以保证蔬菜健康生长,如番茄、黄瓜等。

任务总结

学生通过亲身参与种植实践,能够对农业劳动有更加深入的了解,体会农民劳动的辛苦。本次活动能够激发学生对农业发展的热情,并运用所学知识更好地参与种植实践。学生能够在种菜的过程中体验收获的快乐,提升劳动的幸福感。

教师评价

请根据表 2-4-1 评价学生本次活动的表现。

表 2-4-1　活动评价表

评价内容	分值	得分
活动策划情况	25	
活动组织情况	25	

（续表）

评价内容	分值	得分
活动参与情况	25	
活动实际报告	25	
合计	100	

任务二 采 摘

农业劳动能够加强学生的劳动观念，帮助学生树立正确的世界观、人生观和价值观。农业劳动可以培养学生积极动手、种植管理植物、观察和探究等方面的能力，将学生实际的劳动与课堂上的知识相结合，促进学生德智体美劳全面发展。

任务目标

1. 指导学生了解果农的生产技术，学习如何保护生态环境。
2. 使学生体验农业生产的艰辛和不易，增强学生的社会责任感和实践能力。

任务实施

一、果园采摘

组织一次以果园采摘葡萄为主题的实践活动。学生深入果园中，亲手采摘葡萄，体验农民的劳动艰辛和收获的喜悦，从而更加深刻地认识农业的重要性。

二、葡萄采摘步骤

1. 挑选成熟的果实。肉眼看上去果穗饱满、色泽明亮，一般是已熟的葡萄（图2-4-2），可以采摘。

2. 准备好采摘工具。一手握剪刀，一手抓住葡萄穗梗，在贴近结果枝处将果穗剪下，保留一段3~5厘米长的穗梗（图2-4-3）。采下果穗后，不要触碰果面，不要摇动果穗，要用手提起穗梗，轻轻转动，就地对果穗进行修整，剪掉果穗中烂、瘪、脱、裂、绿、干、病、虫、日灼的果粒及其果梗。

3. 按穗粒大小、整齐程度、色泽情况进行分级包装，同时要注意分品种采收、分期分批采收、不带叶采收，做到熟穗不漏、生（青）穗不采，以保证采收质量。葡萄浆果特别易受机械伤，因此在采收、装箱、运输、贮藏过程中要轻拿轻放，避免或减少磕碰、挤压、摩擦、震动造成的损伤。

图 2-4-2　成熟的葡萄果穗

图 2-4-3　正确采摘方式

二、注意事项

1. 注意采摘工具的使用。如果使用采摘工具不当,不仅会影响采摘效率,还会对水果造成损伤。因此,在采摘水果时,一定要选择合适的采摘工具,并正确使用。

2. 注意个人卫生。首先,要注意手部卫生,采摘前要洗手,并在采摘过程中及时清洗双手。其次,要注意穿着,穿着舒适、透气的衣服和鞋子,以免出现不适。最后,要注意食品安全,采摘后要及时清洗水果,并在食用前进行消毒。

3. 注意安全问题。首先,要注意采摘时的姿势,不要过度伸展身体,以免拉伤肌肉。其次,要注意采摘时的平衡,不要站在不稳定的位置上采摘水果。最后,要注意采摘时的距离,不要过度伸展手臂,以免摔倒或受伤。

任务总结

通过这次实践活动,学生不仅能学到采摘的技巧,还能深刻地体会到农业劳动的重要性。农业是国民经济的基础,是人类生存和发展的重要保障。农民是祖国的脊梁,他们辛勤劳动,为我们提供了丰富的粮食和水果。我们应该珍惜食物,不浪费粮食,尊重农民的劳动成果。

教师评价

请根据表 2-4-2 评价学生本次活动的表现。

表 2-4-2 活动评价表

评价内容	分值	得分
活动策划情况	25	
活动组织情况	25	
活动参与情况	25	
活动实际报告	25	
合计	100	

项目五　服务劳动实践

任务一　勤工助学

勤工助学活动是指学生在学校的组织下，利用课余时间通过劳动取得合法报酬，用于改善学习和生活条件的社会实践活动。勤工助学是高校学生资助工作的重要组成部分，是提高学生综合素质和资助家庭经济困难学生的有效途径。

勤工助学活动必须坚持"立足校园、服务社会"的宗旨，按照学有余力、自愿申请、信息公开、扶困优先、竞争上岗、遵纪守法的原则，由学校在不影响正常教学秩序和学生正常学习的前提下有组织地开展。

助学是"勤工"的直接目的，"勤工"所得劳动报酬可帮助学生完成学业，同时提升学生劳动的获得感。

⚓ 任务目标

1. 使学生了解高校学生资助政策体系，了解勤工助学的活动管理、时间安排、劳动报酬和权益保护。
2. 指导学生熟悉勤工助学的岗位选择，做好面试准备。
3. 使学生在勤工助学的过程中不断磨炼，体悟劳动成果的来之不易，尊重劳动，并尝试创造性劳动。

⚓ 任务实施

一、勤工助学的指导、服务和保障

根据需要，学校学生工作委员会全面领导勤工助学工作，协调校内有关职能部门充分发挥作用，为勤工助学活动提供指导、服务和保障。

各用工单位必须配合和协助全面做好勤工助学的各项具体管理工作。

二、勤工助学的日常管理

1. 协调校内各单位，确定校内勤工助学岗位。
2. 维护勤工助学学生的合法权益，开展必要的勤工助学岗前培训和安全教育。

3. 制订校内勤工助学岗位的报酬标准，并负责审核及报送勤工助学工资报表。
4. 检查指导用工单位对勤工助学学生的日常管理工作。

三、勤工助学岗位设置

勤工助学岗位主要由校内各学院、机关各部门及其他用工单位提供。用工单位根据本部门的工作特点和实际情况向学生工作处申报用工计划，经学生工作处审核批准后方可确立。

设岗基本原则如下：

1. 有利于培养学生的自强、自立、自尊精神。
2. 有利于建设和谐校园，营造良好育人氛围。
3. 工作内容安全，无毒、无害，学生力所能及。
4. 工作时间不能与学生的学习时间产生冲突。
5. 勤工助学学生工作不能替代校内教职员工的本职工作。
6. 任何单位和个人非公务一律不得设置勤工助学岗位。
7. 用工单位本着"谁申请，谁使用，谁管理"的原则，不得随意调岗、换岗。

任务总结

勤工助学活动能使学生学会高效的时间管理，做到学习勤工两不误，且在执行计划时严格遵守时间要求，以保证自己能够高效地完成任务。勤工助学能够培养学生良好的沟通能力，锻炼学生的工作能力和责任心，也能让学生深刻体会到劳动的重要性。

教师评价

请根据表 2-5-1 评价学生本次活动的表现。

表 2-5-1 活动评价表

评价内容	分值	得分
活动策划情况	25	
活动组织情况	25	
活动参与情况	25	
活动实际报告	25	
合计	100	

任务二 守护交通安全

随着社会经济的日益发展，公路上车辆络绎不绝的景象随处可见。然而，由于有些人交通安全意识淡薄,目前全国各地屡屡发生交通安全事故。为了增强学生的交通平安观念,提高学生的交通安全意识,培育学生文明的交通行为习惯,学校组织面向全体学生的交通安全实践十分必要。

任务目标

1. 使学生了解交通知识,提高沟通交流能力。
2. 增强学生的正义感,懂得以合理的方式提醒并制止他人的错误行为。
3. 增强学生尊重劳动者的意识,使学生体会交警等一线劳动者的工作艰辛。
4. 维护城市交通顺畅,提升学生的劳动成就感。

任务实施

一、活动准备

1. 活动负责人与校内保卫处取得联系,确认活动时间、地点、人数。
2. 活动宣传。在校内开展"坚守十字路口,奉献社会"宣讲课,讲解此次活动的流程安排,宣传此次活动的意义,鼓励学生积极参与。

二、活动启动

1. 根据报名学生人数进行合理分组,并选出小组长,进行统一管理。
2. 提前一天邀请交警队人员或者校内保卫处工作人员对志愿者进行培训,包括服装要求、器材使用、职责等,并宣读安全事项。

三、活动实施

1. 早上统一集合,由小组长提前带领队员至指定地点,与值班交警或者保卫处工作人员进行交接。
2. 各小组按要求在指定地点进行交通辅助管理,对欲闯红灯的行人、非机动车司机,未按要求等待(如阻挡路口)的非机动车司机进行劝阻及批评教育。
3. 随时观察周围情况,对需要帮助的人及时进行救助。

四、活动总结

1. 小组成员进行组内交流,交流活动过程及活动心得,进行自我总结。
2. 由各小组组长进行汇报,包括对本组成员的评价,当天活动的收获感悟等。
3. 各小组成员上交活动实践日记,应写出自己的体会和收获。
4. 选出5份最好的实践日记,由学生专门汇总,在微信公众号等平台上进行宣传。
5. 召开相关主题大会,由各组派人进行实践风采展示,并以小组成员在志愿服务期间的所见所闻为典型内容进行宣讲,宣传交通路口的相关规则及交警等一线劳动者的工作艰辛。

任务总结

生命不存在侥幸。没什么比生命更珍贵、更值得珍惜的东西了,因为生命是无价的。不要靠侥幸来避免危险,要意识到生命很宝贵,我们应该保护自己的安危,珍惜自己宝贵的生命,时刻遵守交通法规。

活动收获

本次活动能够提高学生的文明出行意识,增强学生的安全防护能力,有利于全面推进交通安全"进学校、进课堂、进家庭",提升全民的交通安全意识、法治意识、文明意识和安全、守法、文明出行的自觉性。

教师评价

请根据表 2-5-2 评价学生本次活动的表现。

表 2-5-2　活动评价表

评价内容	分值	得分
活动策划情况	25	
活动组织情况	25	
活动参与情况	25	
活动实际报告	25	
合计	100	

参 考 文 献

［1］《大学生劳动教育理论与实践教程》编写组.大学生劳动教育理论与实践教程[M].上海：同济大学出版社,2020.

［2］彭凌龄.中职生劳动教育教程[M].上海：同济大学出版社,2020.

［3］周万才,周丽姐,王潇伟.劳动教育理论与实践教程[M].上海：上海交通大学出版社,2020.

［4］吴顺.工匠精神——传承与创新[M].北京：中共党史出版社,2018.

［5］王芸.大学生创新思维训练教程[M].上海：同济大学出版社,2018.

［6］刘向兵.新时代高校劳动教育论纲[M].北京：社会科学文献出版社,2019.

［7］周丽姐,董晓晨.大学生安全教育[M].上海：同济大学出版社,2019.

［8］赵章彬.高等职业院校劳动文化建设与创新研究[M].北京：中国农业大学出版社,2019.

［9］陈培军,阳军.大学生劳动素养与技能提升教程[M].北京：中国石油大学出版社,2021.

［10］宋乃庆,王晓杰.新中国成立以来我国劳动教育政策发展：回眸与展望[J].思想理论教育导刊,2020(02)：76-80.